VENTILAÇÃO E COBERTAS

Estudo teórico, histórico e descontraído

A Arquitetura tropical na prática

GILDO A. MONTENEGRO

Arquiteto. Professor do Curso de Arquitetura da Universidade Federal de Pernambuco

VENTILAÇÃO E COBERTAS

Estudo teórico, histórico e descontraído

A arquitetura tropical na prática

EDITORA EDGARD BLÜCHER LTDA.

As ilustrações e o projeto gráfico
são do Autor, inclusive a capa.

CIP-Brasil. Catalogação-na-Publicação
Câmara Brasileira do Livro, SP

Montenegro, Gildo, 1931-
M783v Ventilação e cobertas : estudo teórico, histórico e descontraído / Gildo A. Montenegro. -- São Paulo : Edgard Blücher, 1984.

Bibliografia.

1. Coberturas 2. Telhados 3. Ventilação I. Título.

CDD-697.92
-695
84-0989 -721.5

Índices para catálogo sistemático:

1. Coberturas: Edifícios : Construção : Tecnologia 695
2. Telhados : Arquitetura 721.5
3. Ventilação : Edifícios : Construção : Tecnologia 697.92

2.ª Reimpressão 1987

EDITORA EDGARD BLÜCHER LTDA.
01051 Caixa Postal 5450
End. Telegráfico: BLÜCHERLIVRO
São Paulo - SP - Brasil

Impresso no Brasil *Printed in Brazil*

CONTEÚDO

RECADO AO LEITOR

Aqui estão dois assuntos reunidos em somente um livro, para evitar a forma de folhetos magros que ambos teriam caso fossem publicados separadamente. Como mera alusão do autor, que pouco entende da Economia atual (especialmente a desta nação!), os livreiros poderão, quem sabe, desdobrar a compra em mais de um pagamento.

AGRADECIMENTOS

ao engenheiro Paulo Lopes Ferreira e à arquiteta Lúcia Pereira do Nascimento Silva, os quais, com sua leitura crítica e inúmeras sugestões, permitiram um aprimoramento deste trabalho.

DEDICATÓRIA

Aos homens que descobriram o fogo — anônimos ancestrais que, sem maiores preocupações filosóficas, realizaram um feito que se propagou e perdurou.

Aos que pretendem, com o fogo do entusiasmo, mudar a Universidade estéril que, banindo a experiência e o exemplo do Mestre/Profissional, instalou uma audição de anotações pela multidão de alunos/fichas digitadas.

Aos que, sem prazo e sem pressa, sopram o fogo do ideal na direção de uma Universidade melhor. Acredito neles. Em seu estudo, em sua fé. Acredito, também, no resultado final, fruto do trabalho anônimo, como o dos homens que descobriram o fogo.

1

Balões de ar e Garrafas

As crianças adoram brincar com balões de borracha, daqueles enchidos com gás ou simplesmente soprados na boca. A bola sendo elástica vai recebendo ar e inchando, inchando... e BUUMMM!

Provavelmente, nenhuma criança pensará em soprar uma garrafa de vidro para tentar enchê-la como a um balão de borracha. Se alguém fizer a experiência observará que o vidro é *inelástico*, que o ar soprado irá se acumulando e que, a partir de determinado momento, a garrafa não mais recebe ar, a menos que seja injetado sob pressão.

Fenômeno semelhante ao da *garrafa* pode ser observado em outros casos, sob condições diferentes. Por exemplo, em um automóvel que corre velozmente na pista com os vidros das janelas levantados e o vidro trazeiro firme, mas que teve o pára-brisa retirado previamente.

A cabine do automóvel funciona como a garrafa: recebe ar sob pressão, até o ponto em que toda a poeira, folhas e insetos que surgem em sua frente são desviados para fora, pois a cabine está totalmente *saturada de ar*.

Não estou aconselhando a retirada do pára-brisa dos carros. Afinal ele assegura maior comodidade e sua falta permitiria que os bancos, rádio e outros objetos fossem furtados facilmente. Apenas estou querendo dizer que, numa situação de emergência, o pára-brisa não é assim tão essencial.

Mas, voltando à estrada: o motorista, enfim, chegou à sua casa, colocou colírio ... e o EFEITO DA GARRAFA SE REPETE. Não mais no automóvel, e sim na própria casa!

Os ambientes domésticos, em sua grande maioria, não têm boa renovação de ar. E vou mais longe: nos escritórios, nos hospitais, nas fábricas, nas escolas, nos hotéis são freqüentes os ambientes pouco ou mal ventilados. Digo e provo! Observe a quantidade de aparelhos de ar condicionado e de ventiladores nos locais que você visitou nos últimos dias. Considere, ainda, os ambientes que, não possuindo tais aparatos, seriam bem mais confortáveis com eles.

Em geral, as cidades crescem desordenadamente; as construções são feitas umas por cima das outras. Contudo, isso não justifica tantas salas, tantos corredores, tantos sanitários abafados, úmidos, quentes, fedendo a mofo ou coisa pior, e que se assemelham à cozinha de navio velho: quente, cheia de fumaças e de vapores, abafada, mil odores superpostos, panelas, pancadas, chiados. Só consigo imaginar de pior uma festinha *hippie* no porão de uma casa antiga, gente aos montes, muita fumaça (cigarros!?), guitarras elétricas em seis canais de muitos megawatts, luz negra e lâmpadas estroboscópicas de todas as cores. Muito próximo do inferno de Dante ...

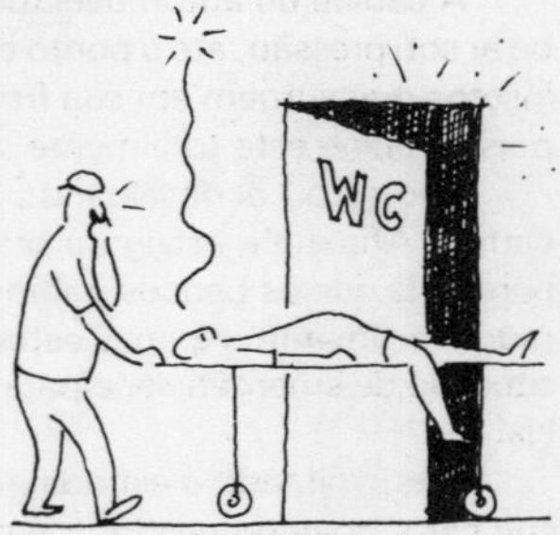

Deixe-me adaptar à luz do sol, tirar o tampão dos ouvidos e respirar... AHHH! Agora posso continuar. Em parte, eu me conformaria se a solução para uma boa ventilação fosse sempre difícil, cara, complicada, se dependesse de grupos de trabalho, de requerimentos, de vistos e de carimbos.

NADA DISSO É NECESSÁRIO! Então ... bom. Vamos começar do princípio.

2 O calor

Geralmente não se diferencia ventilação de aeração, e não falta quem diga que são dois rótulos diferentes para o mesmo produto.

Ventilação, já diz o nome, é ação do vento: movimento do ar. A direção e a velocidade do ar, o efeito do calor, da pressão e da subpressão são coisas que a Geografia Física explica ou, pelo menos, tenta explicar. Na página 53 e seguintes os fatos principais são apresentados resumidamente.

Aeração é a renovação do ar por efeito natural do vento ou de outra causa.

Já se foram muitos anos desde que os biólogos verificaram que o homem precisa de, aproximadamente, 30 m^3 de ar por hora. No entanto, são comuns os ambientes com insuficiente renovação de ar. Nota-se isso pelas atitudes das pessoas: abrindo a camisa, abanando o rosto com as mãos ou com um pedaço de papel, ligando o ventilador, ou nos gestos de impaciência e de irritação. O que se deve fazer para que um ambiente seja bem arejado e não abafado? Chegaremos lá; antes será necessário entender COMO FUNCIONAM a aeração e a ventilação.

Quando se leva ao fogo uma panela com água, o líquido passa a receber calor e, ao atingir determinado grau de aquecimento, começa a borbulhar. Porém, antes que isso aconteça, pode-se observar que se formam, no fundo da panela, pequenas bolhas de ar que sobem, de início na vertical (1) e, depois, em movimento circular (2). Pedacinhos de papel jogados na água permitirão acompanhar esse movimento, chamado em Física de "corrente de convecção".

A Física explica o fenômeno: as moléculas de água, quando aquecidas, sobem; atingindo a superfície elas perdem uma parte do calor e descem pela periferia, tornando a ser aquecidas.

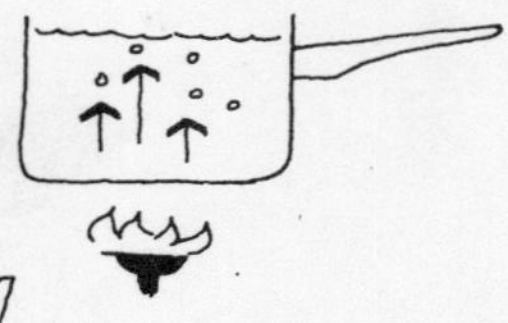
1

Muitos alunos meus já pensaram em fazer a experiência de ferver a água em uma panela de pressão ... com seu professor dentro. Não sei exatamente o que ocorre no interior da panela de pressão, mas você pode imaginar o que aconteceria ao se tirar a tampa... Olhe as figuras 1 e 2!

A circulação do ar num ambiente tem muita semelhança com o fenômeno da água a ferver: o ar aquecido SOBE, por ser mais leve que o ar frio. Os balões de São João e os pioneiros da aviação (que eram muito corajosos e nada burros) provam isso. Entretanto, nas construções em geral, a semelhança do comportamento do ar com o da água que ferve acaba na subida do ar.

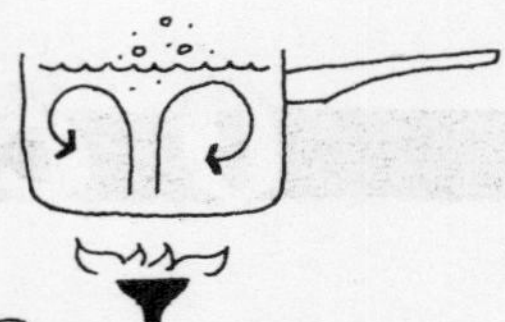
2

É que, em muitas casas, EXISTE A TAMPA, permanentemente: tem o nome de forro ou telhado. O ar aquecido sobe e NÃO TEM SAÍDA! Forma-se, então, uma camada de ar quente, viciado, que não se renova, cada dia mais poluído.

Como fica aquecido o ar dentro da casa?

Fontes de aquecimento é que não faltam: o calor do corpo humano, o sol sobre o telhado e paredes ou penetrando através de portas e de janelas, o fogão, o refrigerador (o compressor gera calor), a televisão, os eletrodomésticos em geral, o ar aquecido que vem de uma área ensolarada, a lâmpada elétrica.

Não haverá renovação de ar se não forem construídas saídas para o ar quente: aberturas na parte mais alta do teto. É o começo (ou o fim) da aeração. Mas isso não é tudo. Há outras exigências. Será necessário estudar essas aberturas. Como? Quando? Onde? Quantas?

3 Saída de ar

Como a função das aberturas é permitir a saída do ar quente, elas devem ser feitas na parte mais alta do ambiente.

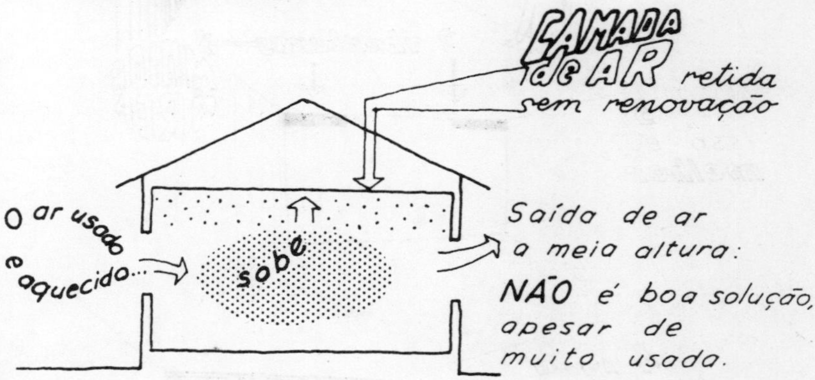

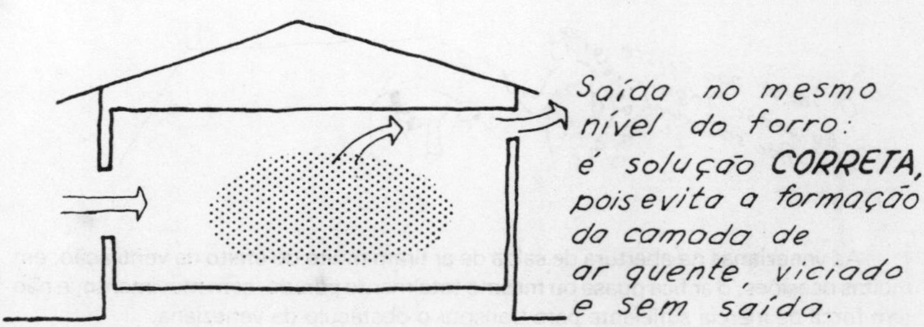

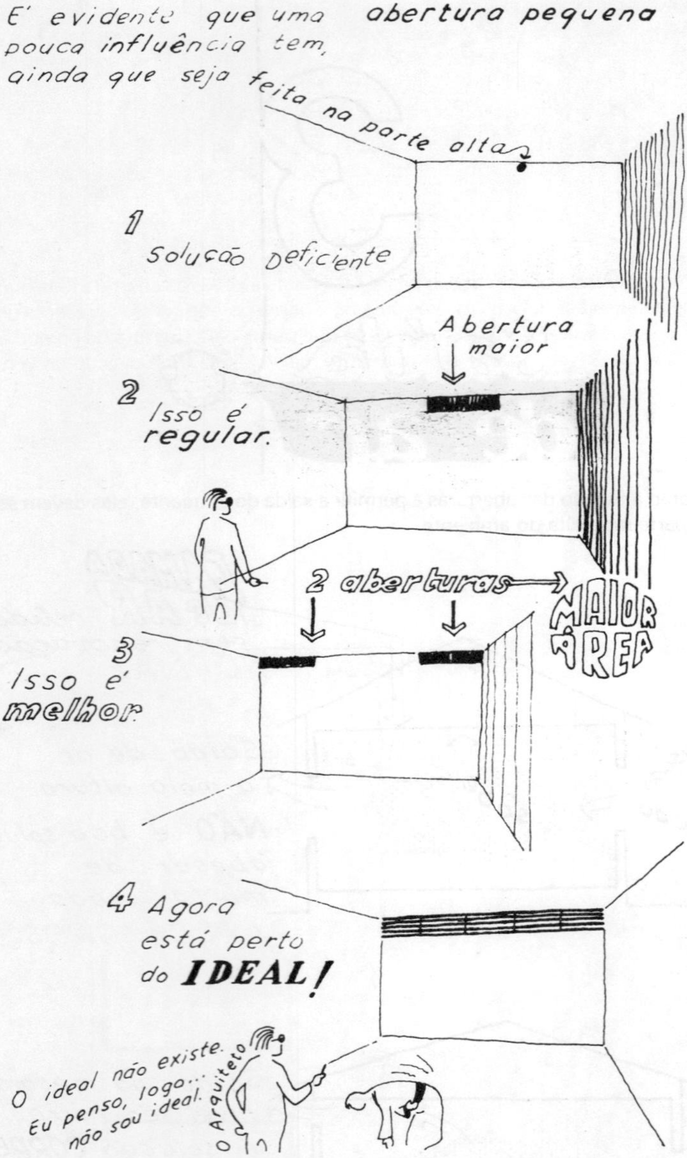

As venezianas na abertura de saída de ar tiram muito do efeito da ventilação: em muitas ocasiões, o ar fica quase ou mesmo totalmente parado, sem movimento, e não tem força de inércia suficiente para transpor o obstáculo da veneziana.

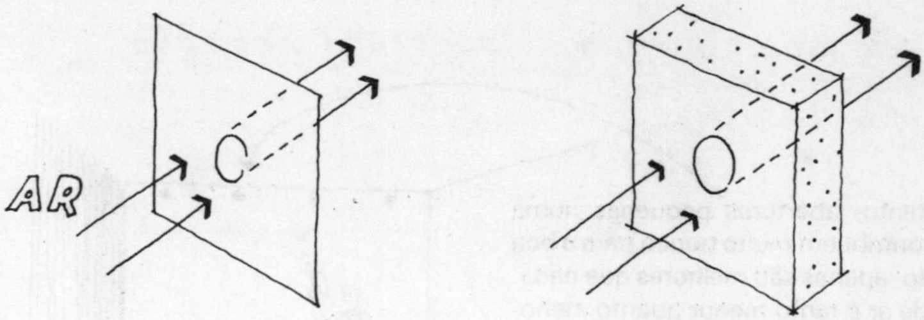

Outro detalhe a observar: o ar passa facilmente através da abertura feita numa lâmina delgada. A abertura de mesma área feita numa parede grossa apresenta uma situação muito diferente: a quantidade de ar que passa pela abertura da parede é bem menor que na lâmina, e tanto menor quanto mais oblíqua for a direção do vento.

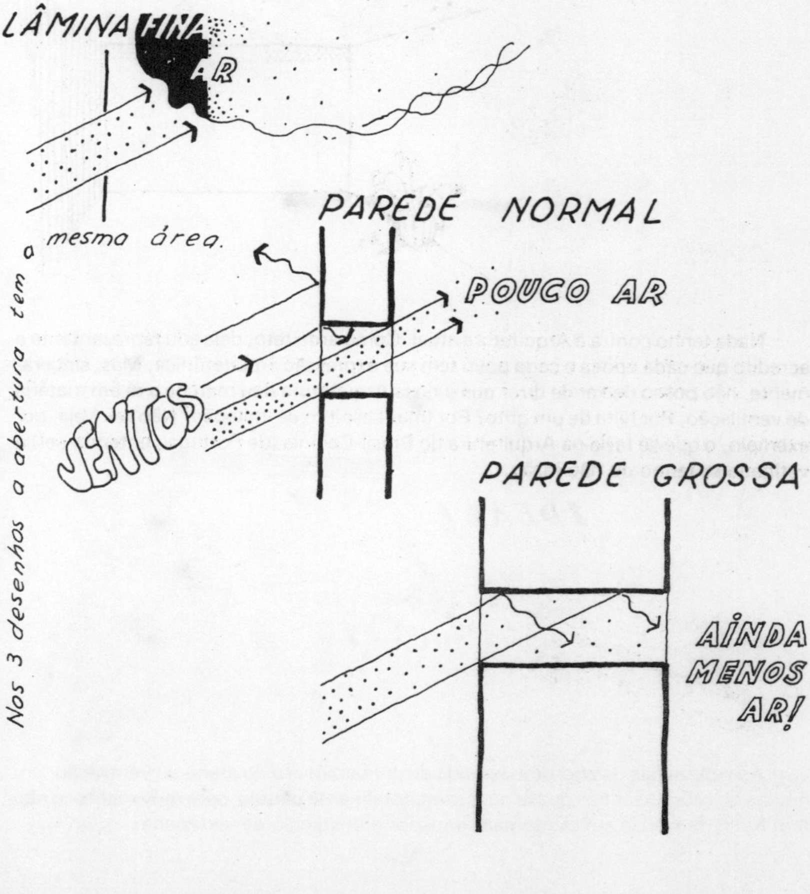

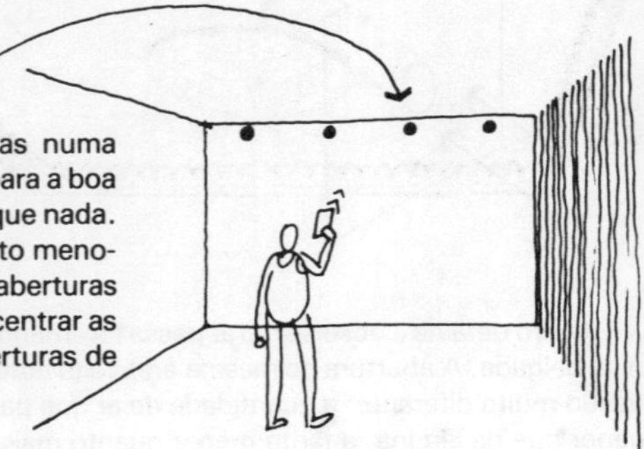

Portanto, aberturas pequenas numa parede contribuem muito pouco para a boa ventilação, apenas são melhores que nada. A saída de ar é tanto menor quanto menores e mais afastadas estão as aberturas umas das outras. É preferível concentrar as saídas de ar em uma ou duas aberturas de maiores dimensões.

Nada tenho contra a Arquitetura atual. Como arquiteto, dela sou representante e acredito que cada época e cada povo tem sua expressão arquitetônica. Mas, sinceramente, não posso deixar de dizer que a nosa Arquitetura deu marcha a ré em matéria de ventilação. Por falta de um grito? Por (mau) espírito de imitação? Não sei. Veja, por exemplo, o que se fazia na Arquitetura do Brasil-Colônia (de Portugal, entenda-se!) e verifique se tenho ou não razão.

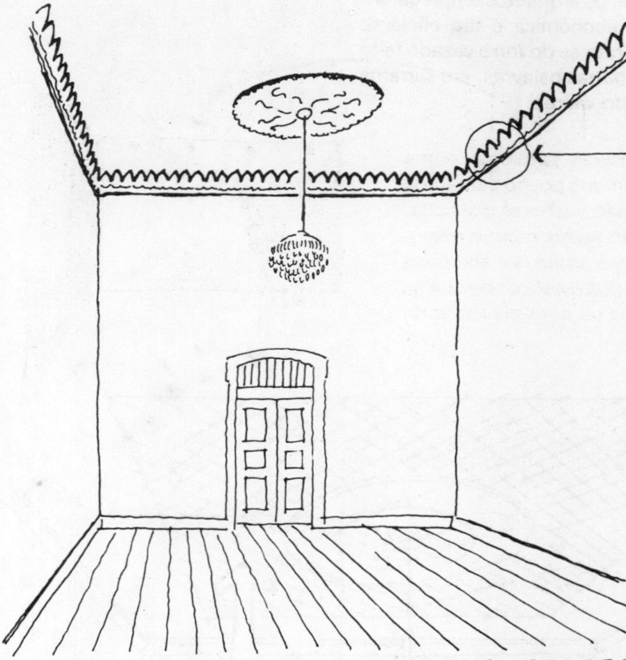

A SANEFA é decorativa, cheia de curvas, de furos, de rebaixos, de floreios.
Ela tem, ainda, outra FUNÇÃO:

VENTILAR!

Observe no corte.

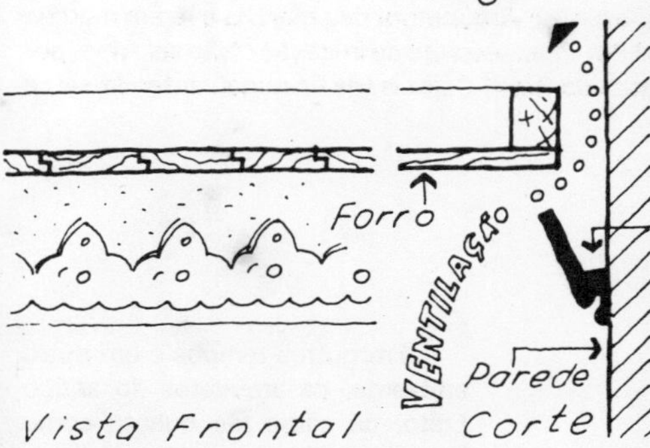

Não é barato, mas é confortável. Pensando melhor: o que é mais caro: a ventilação natural ou o ar condicionado?

Tem mais!

Posteriormente, os arquitetos empregaram uma solução mais econômica e tão eficiente quanto a anterior. Trata-se do forro vasado feito em gelosia ou, em outras palavras, em sarrafos de madeira formando xadrez.

Em outros tempos e em outro ambiente, os arquitetos do antigo Egito, de clima tão quente como hoje, projetaram uma construção da mais alta eficiência em termos de ventilação. Comentarei, mais adiante, o projeto simples e ecológico dos arquitetos egípcios.

Em outros campos que não o da Arquitetura existem produtos cuja ventilação foi bem estudada. Os nossos fabricantes de ônibus, depois de copiarem, durante muito tempo, os modelos europeus, resolveram buscar soluções locais. Antes, porém, arejaram a própria mentalidade, não sei se atendendo a reclamações ou por um outro motivo. O fato é que a cabine do ônibus passou a ser ventilada, ganhando duas aberturas *no teto* para a saída do ar! São alçapões móveis. Não se chegou ainda ao ideal, mas isso significa considerável avanço em relação ao que se fazia.

Na cabine de alguns caminhões você poderá observar o aperfeiçoamento mais recente: a entrada de ar pela parte inferior da porta através de uma espécie de veneziana. Um alçapão no teto, igual ao dos ônibus, complementa o conforto do motorista.

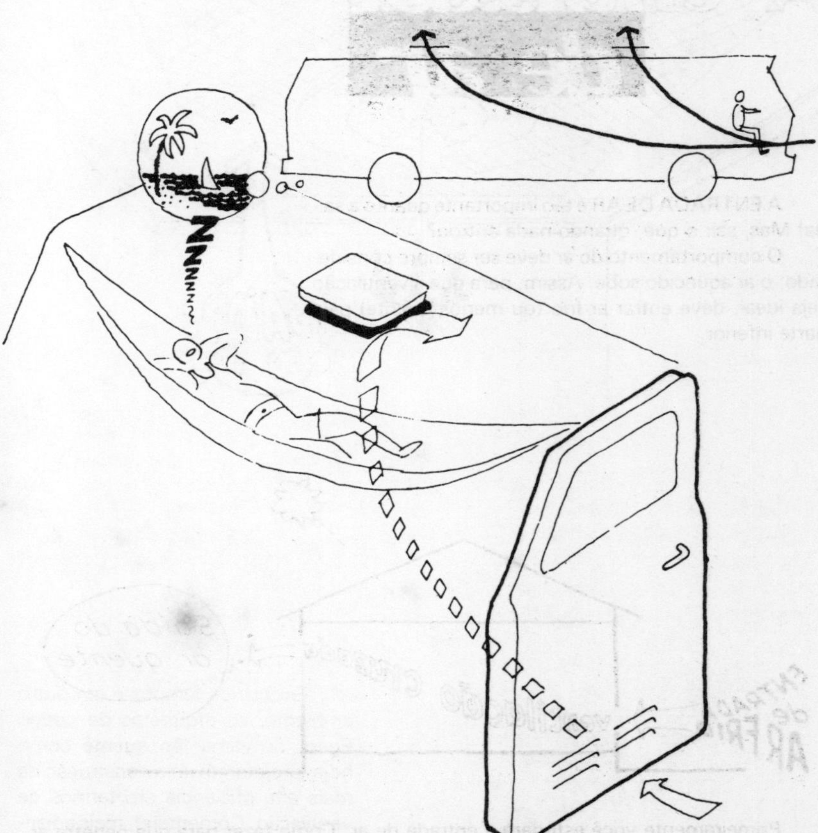

4 A entrada de ar

A ENTRADA DE AR é tão importante quanto a saída! Mas, sair o quê, quando nada entrou?

O comportamento do ar deve ser sempre considerado: o ar aquecido sobe. Assim, para que a ventilação seja ideal, deve entrar ar frio (ou menos quente) pela parte inferior.

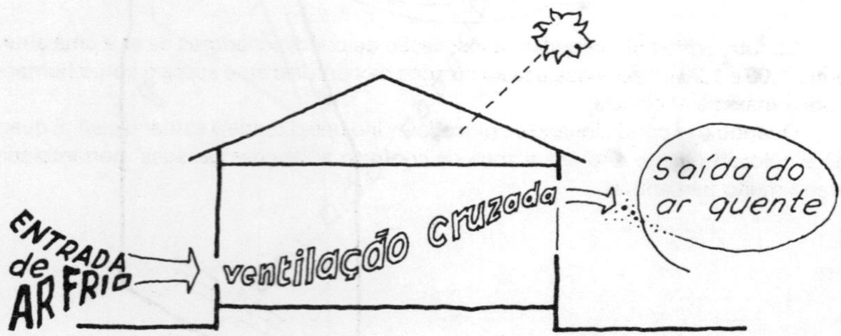

Primeiramente você estudará a entrada de ar. Como fazer para que penetre ar frio, ou menos quente, é coisa que será vista adiante.

Em locais quentes e abafados, as pessoas abanam o ar próximo à face. O rosto é a parte do corpo mais sensível ao calor; em seguida vêm as mãos, o antebraço, o tórax; por fim estão as pernas e os pés, pouco sensíveis ao calor. Conclui-se, então, que em geral não há necessidade de circulação de ar nas áreas mais próximas do piso. Isso iria concorrer para levantar a poeira do piso, sem maiores reflexos no conforto ... (Aatchim!!!) É melhor criar uma leve corrente de ar a uma altura de aproximadamente 40 cm do piso. Janelas e venezianas colocadas ao nível do piso permitem que até mesmo um vento fraco carregue poeira e detritos para o interior da habitação. A melhor solução é plantar grama e elevar o nível do piso.

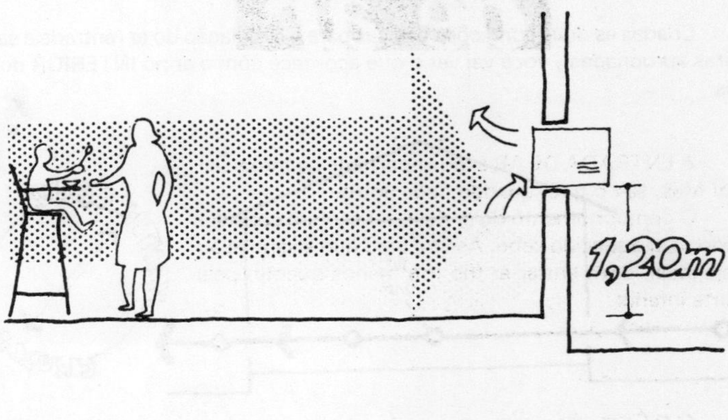

Os fabricantes recomendam a instalação de condicionadores de ar a uma altura entre 1,00 e 1,20 m, para que a faixa ou zona de conforto atue sobre o corpo humano com a máxima eficiência.

Quando o ar condicionado é colocado muito baixo tende a esfriar o piso. E quando é colocado muito alto cria a zona de conforto acima das pessoas, portanto sem efeito muito perceptível.

5 Circulação do ar

Criadas as duas condições básicas para a circulação do ar (entrada e saída em alturas apropriadas), você vai ver o que acontece com o ar no INTERIOR dos ambientes.

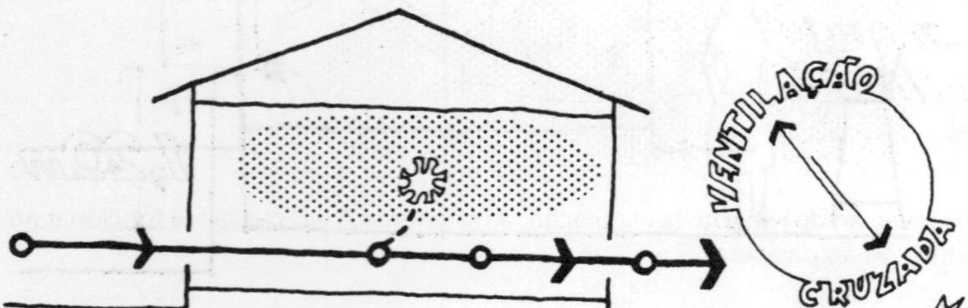

Mas...

... entrada de ar baixa + saída baixa = Parte do ar circula no nível do piso, outra parte fica **RETIDA** no forro.

Esta disposição das aberturas funciona **MELHOR** do que a da figura acima.

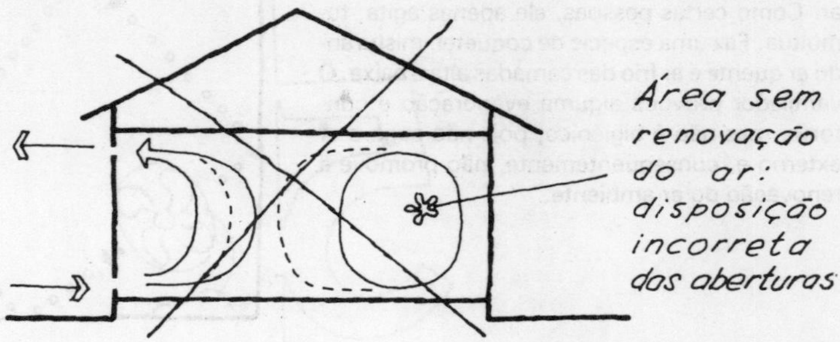

A maior ou menor intensidade da entrada de ar cria uma área, respectivamente, menor ou maior de ar sem renovação, que fica retido pela parede do lado oposto às aberturas.

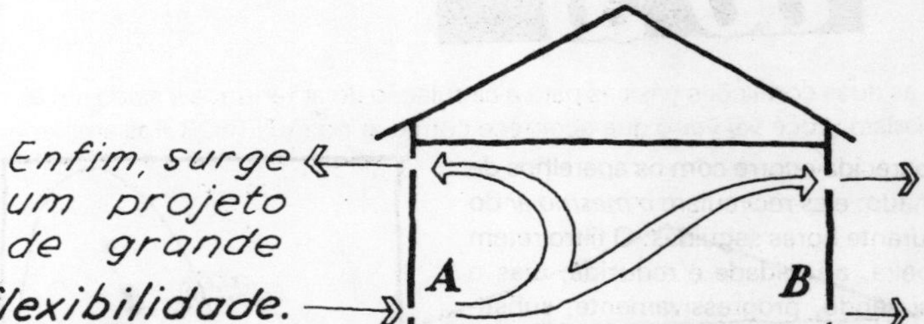

Pela inversão do sentido da ventilação, as aberturas A e B passam a funcionar no sentido inverso ao das setas.

A existência de uma corrente de ar é responsável por boa parte da sensação de bem-estar. A temperatura também favorece o bem-estar, mas, em temperaturas elevadas, digamos em torno de 30°C, a sensação de conforto é bem maior em ambiente que possua boa circulação de ar do que em um local confinado. A temperatura elevada provoca a transpiração e a movimentação do ar facilita a evaporação, baixando, conseqüentemente, a temperatura do corpo; daí a sensação de relativo conforto. Onde não há circulação do ar, a evaporação do suor se faz mais lentamente, gerando desconforto.

O ventilador, de modo geral, não renova o ar. Como certas pessoas, ele apenas agita, tumultua. Faz uma espécie de coquetel, misturando ar quente e ar frio das camadas alta e baixa. O ventilador provoca alguma evaporação e conforto, mas não é higiênico, pois não suga o ar externo e, conseqüentemente, não promove a renovação do ar ambiente.

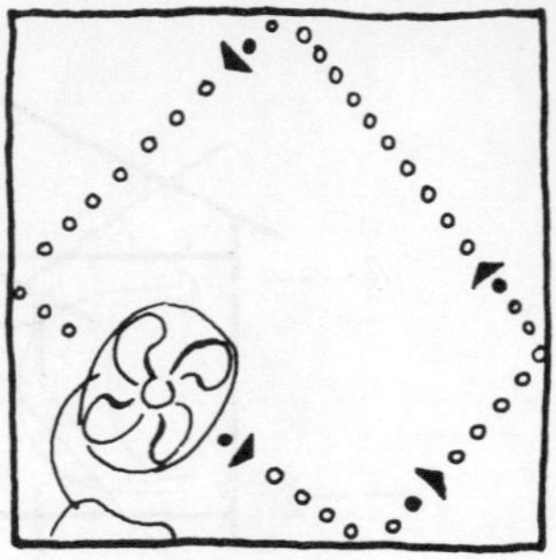

Coisa parecida ocorre com os aparelhos de ar condicionado: eles recirculam *o mesmo ar* do ambiente durante horas seguidas. O filtro retém parte da poeira, a umidade é reduzida, mas o oxigênio vai sendo, progressivamente, substituído por anidrido carbônico. Muito pior fica quando existem fumantes: a fumaça aumenta por acumulação. Nos tempos antigos não se usava fumar em ambientes fechados. Boa norma de educação, de higiene e de respeito aos não-fumantes! E ela está de volta ... por ora, apenas na Suécia.

Em ambientes dotados de condicionadores de ar a renovação do ar somente pode ser feita por meio de um dispositivo especial — raramente utilizado, pois reduz a eficiência do aparelho — ou quando se abre uma porta.

O sistema de ar condicionado central é mais higiênico, em teoria pelo menos: ele capta e injeta ar do exterior e retira parte do ar viciado.

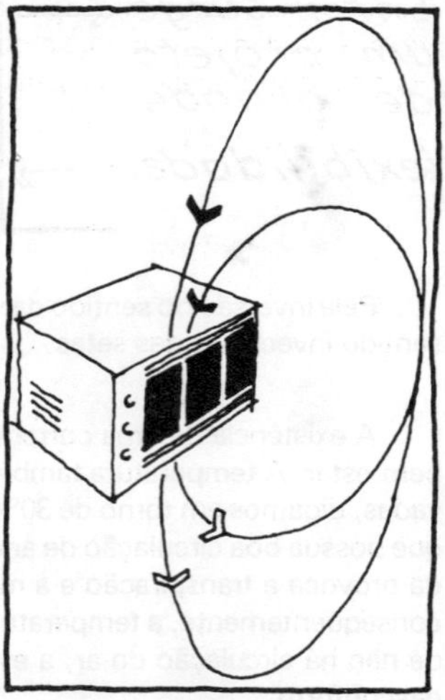

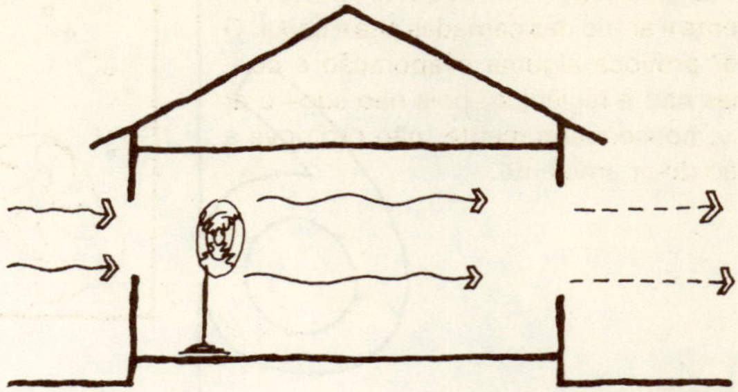

Voltando ao ventilador: ele pode ser usado para forçar a saída de ar ao ser dirigido para uma janela, o que faz o ar entrar pelo lado oposto. Muito pouca gente percebe esse fato e quase todos dirigem o ventilador para si, até que, ao descuidar-se, o vizinho aponte o ventilador para sua própria direção.

Quase sempre o ventilador de pé ou de teto funciona, na realidade, como turbilhonador: ele movimenta, agita o ar, mas não faz renovação. Essa agitação do ar provoca, é verdade, evaporação do suor e, daí, o aparente conforto; sem higiene, já se vê, pois o suor fica em suspensão no ar, como a poeira.

6 Aeração Natural

O esquema "entrada de ar frio/saída de ar quente" corresponde à renovação natural do ar e funciona em qualquer escala: numa fábrica, numa residência ou num armário. O desrespeito à natureza é responsável por muita roupa e sapatos mofados, muito livro devorado por cupins (termitas). Fala-se em renovar o ar ao ser aberta *uma* porta de um guarda-roupa que tem outras cinco; não tem sentido. Seria bem mais simples fazer a renovação natural, permanente e independente do uso das portas. Aliás, uma porta como a da figura abaixo não está ventilando praticamente nada: a abertura ilumina o caminho dos insetos, mas não renova o ar.

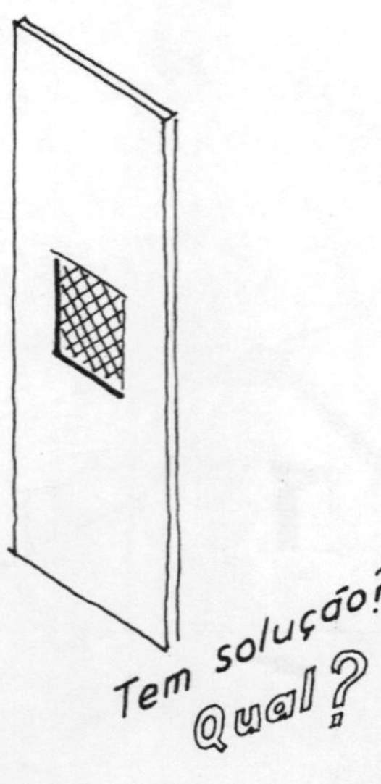

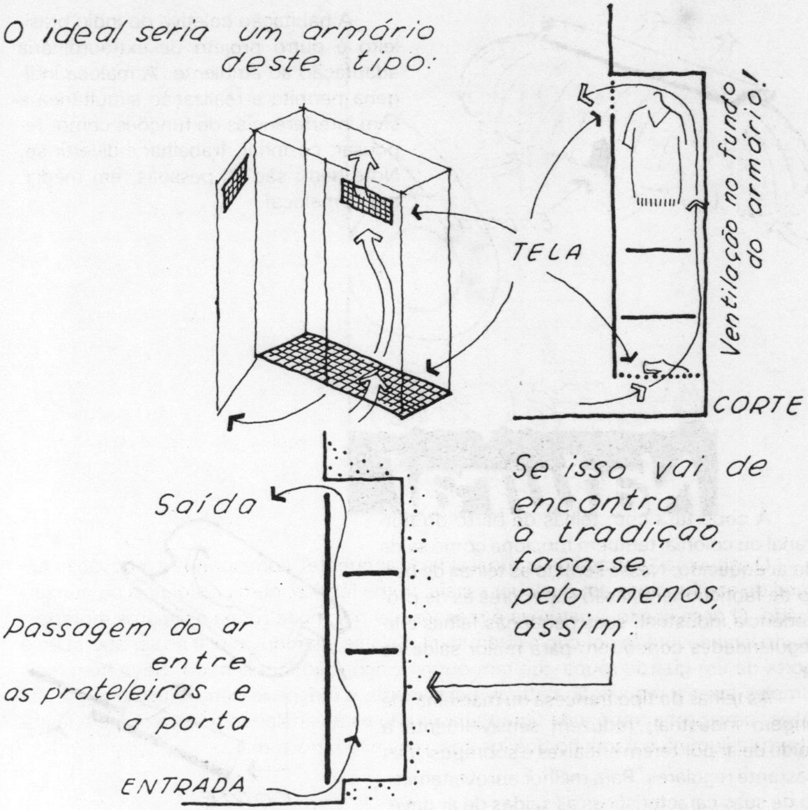

A saída da camada de ar aquecido é essencial à renovação do ar, por isso é necessário conhecer o comportamento dos diversos materiais e tipos de cobertas para se fazer um projeto adequado.

Nos mocambos do Nordeste, cobertos de palha, a saída de ar é muito boa quando a cobertura é ainda recente; no entanto, ela se torna deficiente quando o material começa a ceder por sua natural deterioração. Há quem faça uma pequena abertura triangular no alto da empena: uma excelente solução.

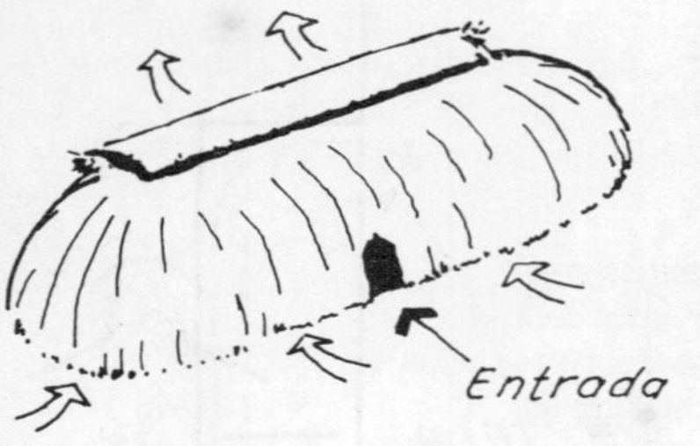

A habitação coletiva do índio brasileiro é outro projeto de extraordinária adaptação ao ambiente. A maloca indígena permite a realização simultânea e sem interferências de funções como: repousar, cozinhar, trabalhar e divertir-se. Note bem: são 70 pessoas, em média, numa maloca!

A cobertura com telhas de barro do tipo canal ou colonial também funciona como saída do ar aquecido. Nesse sentido as telhas de barro de fabrico manual são superiores às de procedência industrial: suas pequenas falhas e irregularidades concorrem para maior saída de ar.

As telhas do tipo francesa ou marselha, de origem industrial, reduzem sensivelmente a saída de ar por terem encaixes e sobreposições bastante regulares. Para melhor aproveitamento de suas características as saídas de ar deveriam ser colocadas próximas da cumeeira, através de telhas de tipo especial (figura central, ao lado) ou pelo capote (figura abaixo).

Na Arquitetura colonial brasileira, as telhas do tipo canal eram fabricadas com dimensões bem maiores do que hoje (o dobro e, em alguns casos, o triplo), o que tornava possível fazer a cumeeira sem argamassa, usando telhas soltas, sem correr o risco de infiltração de água, e deixando livre a saída do ar aquecido.

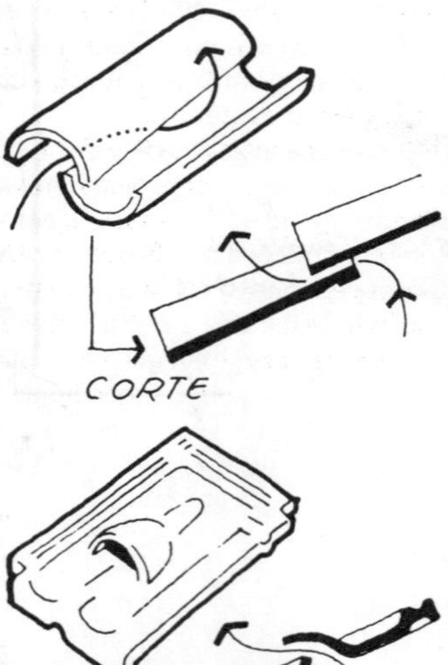

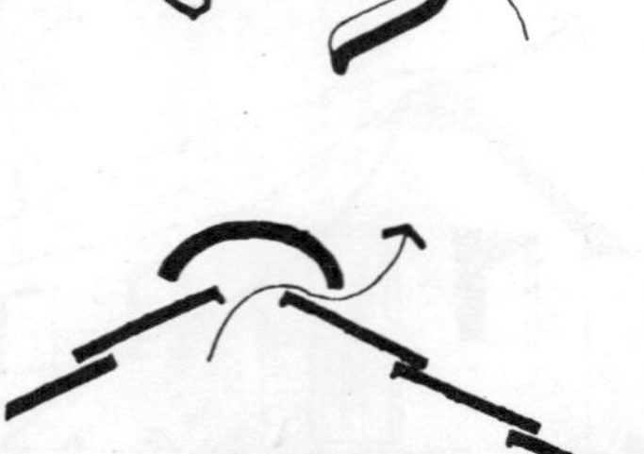

Costuma-se dizer que a cobertura de telhas de cimento-amianto é mais quente que a de telhas de cerâmica (barro cozido). Isso é uma parte da verdade. As telhas de barro cozido absorvem melhor o calor do sol, em comparação com as de cimento-amianto, que são mais leves e mais delgadas. Entretanto, o não-atendimento às recomendações do fabricante é que é o maior responsável por aquela fama. As telhas de cimento-amianto, por causa de sua fabricação em série, formam um telhado quase totalmente vedado; é mínima a quantidade de ar que passa entre as telhas.

O telhado de cimento-amianto somente é eficiente quando bem projetado. De conformidade com as recomendações do fabricante, fruto de sua experiência. Por exemplo: existem cumeeiras especiais de ventilação, mas elas não são en ontradas nos armazéns ou lojas. Somente a consulta ao catálogo do fabricante permite saber de sua existência.

Além de mais caras que o tipo comum, as telhas de ventilação devem ser pedidas diretamente ao fabricante e pouca gente está disposta a complicar e a encarecer suas construções, ainda que isso dê resultado positivo. Se essa economia mínima no material compensa o desconforto resultante é outra história...

Por falar em material, na 2ª parte deste livro há um capítulo inteiro sobre a tecnologia das cobertas.

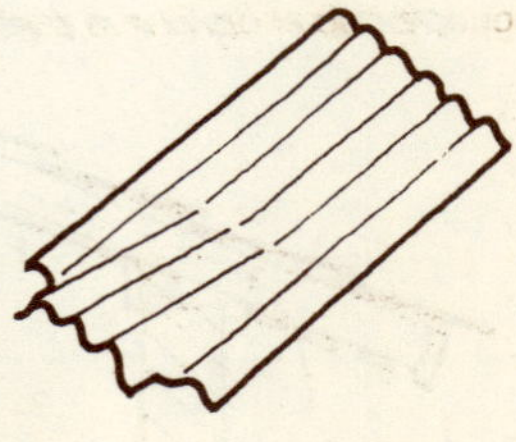

Sob o ponto de vista da ventilação constrói-se, hoje, com muita irracionalidade. Mas nem sempre foi assim; ao contrário. Está aí a Arquitetura colonial brasileira. E muito, muito antes: a do Egito. O conhecimento das fórmulas da Física provavelmente não estava ao alcance dos egípcios há três mil ou mais anos atrás, mas veja como a ventilação foi extraordinariamente bem resolvida, sem ar condicionado, sem isopor, sem lã de vidro, no templo ilustrado. O teto é uma laje de pedras dupla: o vazio entre as duas lajes é ocupado por uma camada de ar que se renova — o mais barato e mais eficiente isolante já imaginado. E que não paga *royalties*.

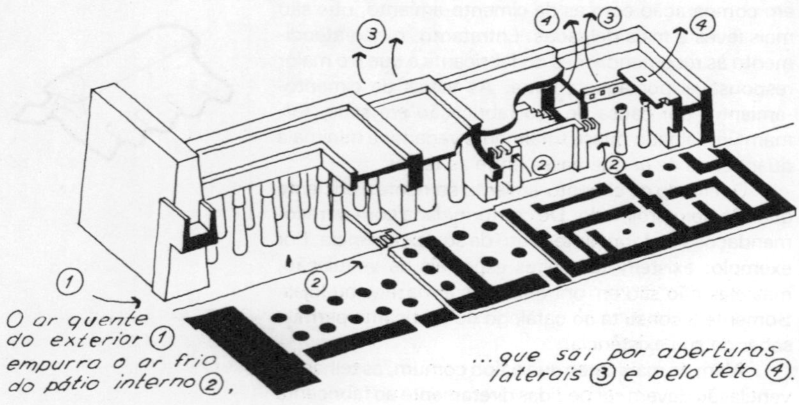

À medida em que se penetra no templo, o piso é mais elevado, o que reforça a corrente natural do ar quente; o progressivo rebaixamento do teto e das dimensões das salas (redução do volume) mantém a velocidade do vento. Saídas de ar laterais, muito bem dispostas, completam esse extraordinário exemplo de ventilação natural.

O projeto egípcio não deve ser copiado, mas pode *adaptar-se* muito bem aos materiais atuais, como se vê no desenho abaixo.

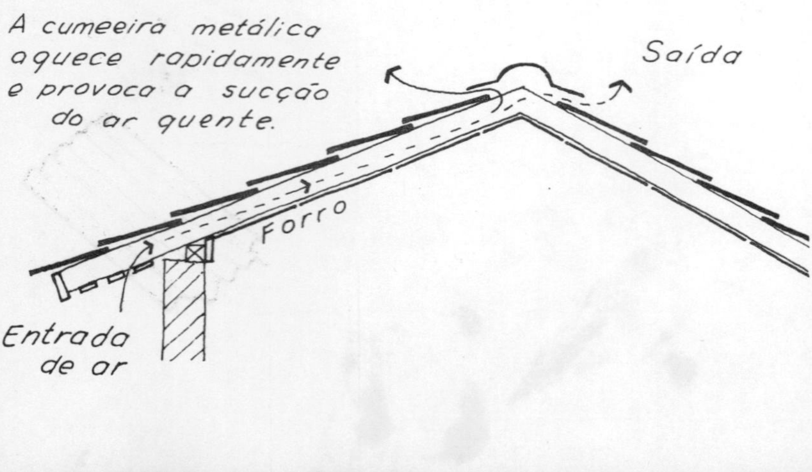

7 Janelas e ventos

Como nem sempre as portas permanecem abertas, o ar entra, na maior parte do tempo, através de janelas. Janelas de diversos tipos. As corrediças, na disputa do tipo de ventilação que seja *pior*, tem um forte concorrente: o tipo basculante. Ambos os tipos, embora deixem passar luz, prejudicam muito a entrada de ar.

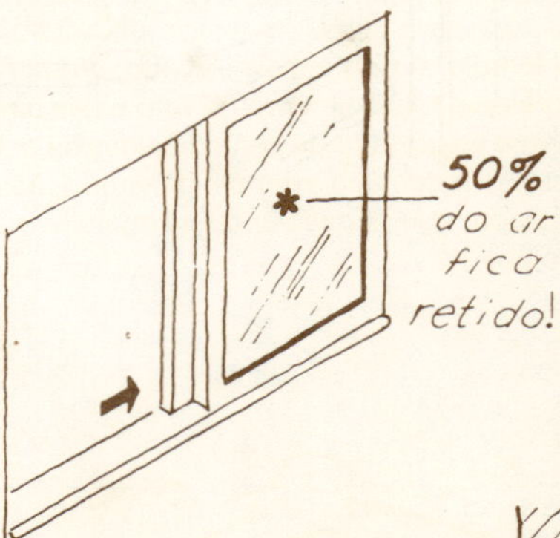

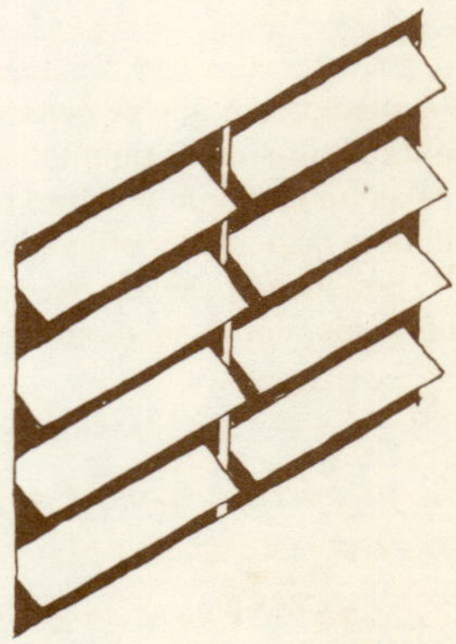

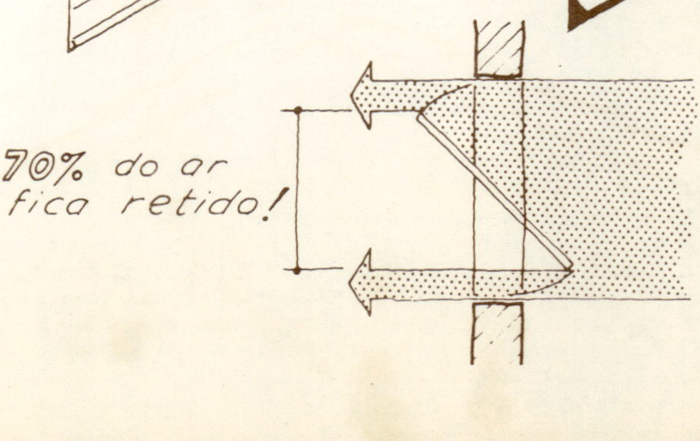

Existem outros tipos de janela com efeito redutivo de ventilação, como se vê ao lado.

As janelas de venezianas, infelizmente, estão caindo em desuso, à medida que o alumínio substitui a madeira. É mais um exemplo de imitação irracional daquilo que não serve para o clima quente, embora possa ser adequado às regiões frias (e industrializadas) que exportam revistas, livros e tecnologia. Quem quiser que despreze a higiene e o bem-estar.

As venezianas, móveis ou não, foram usadas pela boa Arquitetura brasileira do passado e permanecem ainda em algumas regiões nordestinas. É um detalhe simples, e não vale o argumento de que *encarece* os custos. Como em quase tudo: a repetição baixa os custos de fabricação.

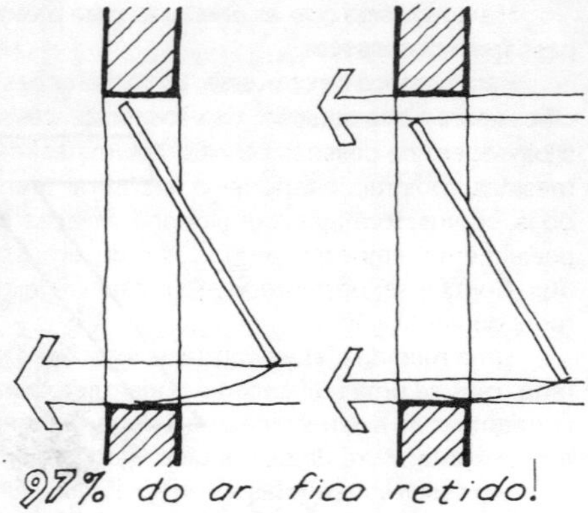

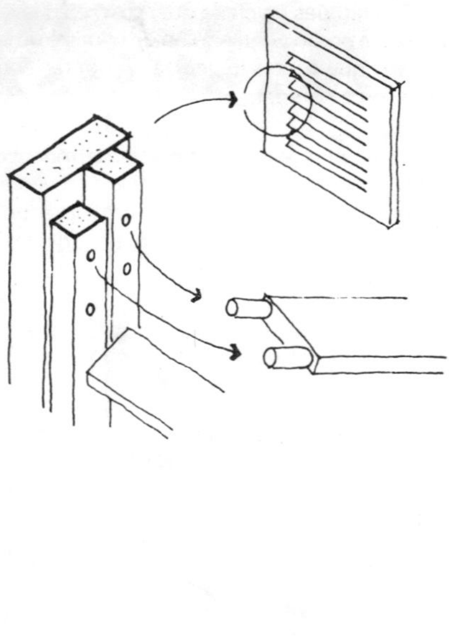

Há quem diga que as aberturas para a ventilação natural permitem igualmente a passagem dos insetos.

Para começo de conversa, as construções em geral não possuem aberturas específicas para a boa aeração. Os vãos existentes são apenas os necessários para permitir a passagem de pessoas ou para a iluminação (portas e janelas). Ocorre que, nessas mesmas construções, pode-se encontrar grande variedade de insetos: baratas, emboás, cupins, formigas, pernilongos, moscas, traças, aranhas. Telas, inseticidas e, especialmente, limpezas periódicas reduzem (sem extingüir) esses bichinhos incômodos. Conclui-se, portanto, que a presença de insetos não se deve à existência de aberturas de ventilação.

Uma medida efetiva contra os insetos é fazer o piso levantado em relação ao terreno, pois se uma edificação é construída com o piso no mesmo nível do terreno circundante, não existe obstáculo à entrada dos insetos. O caminhar é feito num só plano horizontal, livre de obstáculos, sem subidas...

Em casas construídas sobre palafitas, a entrada de insetos é feita unicamente pelas estacas (área mínima em relação ao piso) ou por via aérea.

Em regiões de clima quente, o piso levantado em relação ao terreno por meio de aterro, de porão ventilado ou de pilotis é uma boa alternativa para a melhor ventilação, uma vez que é mais higiênica; e, em terrenos úmidos, essa solução reduz a umidade dos pisos e paredes.

8

O ambiente externo

A ventilação das construções é baseada na entrada do ar e em sua saída imediata. As velocidades de entrada e de saída são proporcionais, mas os obstáculos à circulação do ar reduzem tais velocidades.

Para que se tenha melhor idéia dessa redução basta saber que, nas grandes cidades, a velocidade dos ventos é, em geral, de 1/3 daquela que existe em campos abertos. Conseqüentemente haverá aumento da temperatura ...

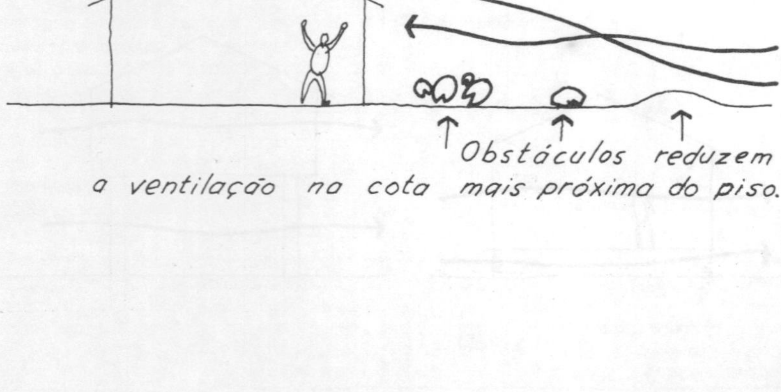

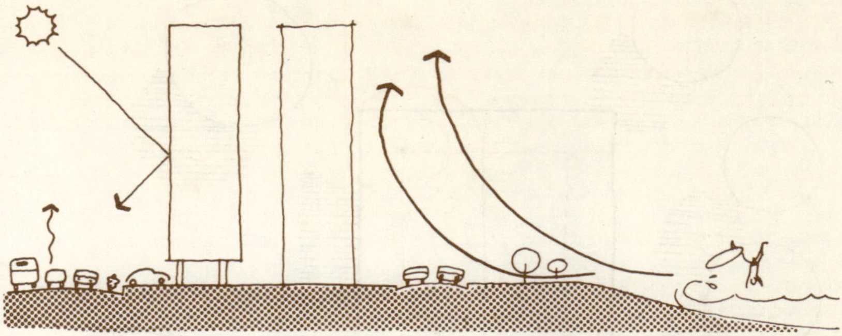

Muitas cidades litorâneas seguiram o (mau) exemplo do Rio de Janeiro, na praia de Copacabana, e pagam por isso: somente os prédios da beira-mar usufruem da ventilação ... quando os ventos sopram do mar! O ar perde velocidade nas camadas mais próximas do solo diante da existência de obstáculos naturais e, também, dos altos edifícios.

Outro mau exemplo é o da figura abaixo.

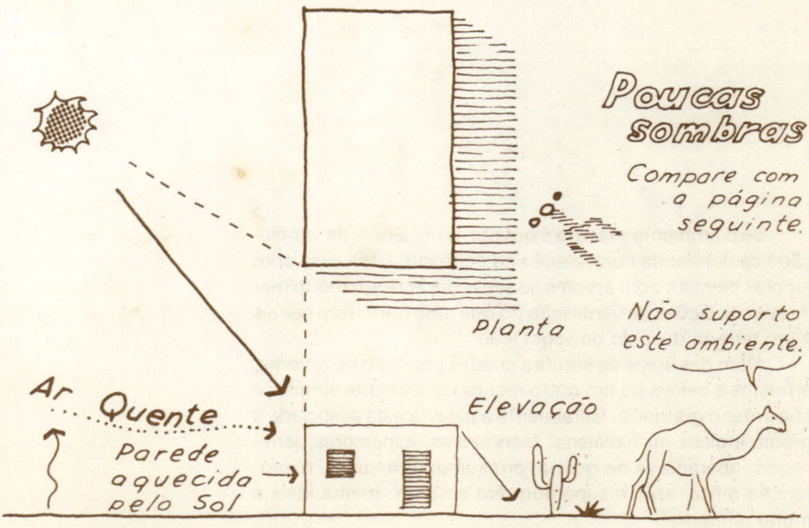

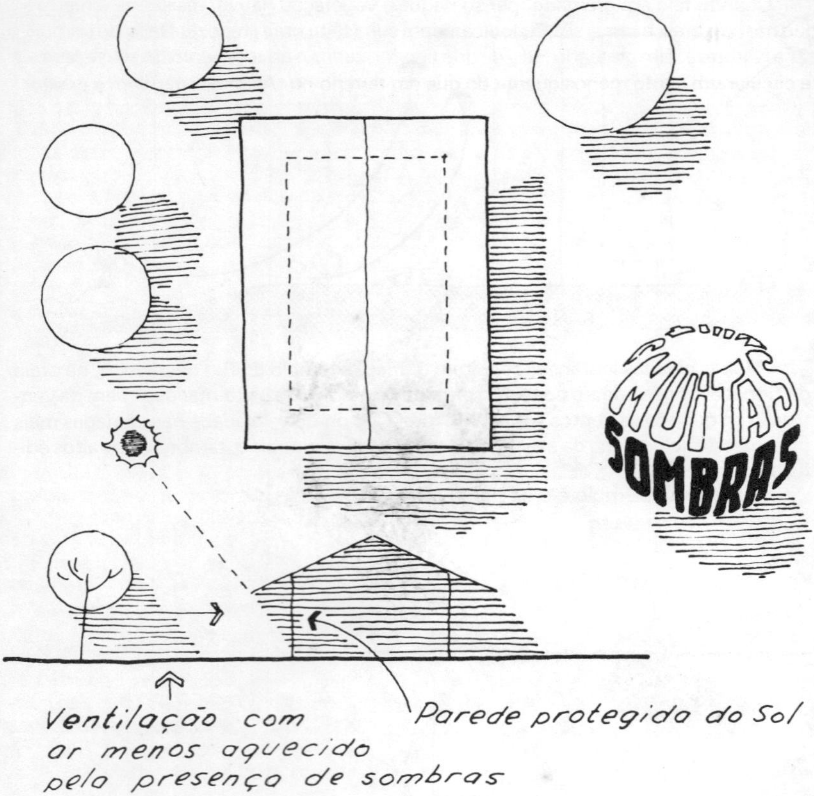

Se o ambiente externo é quente, a eficiência da ventilação fica diminuída com relação ao conforto. Uma casa com amplos beirais e com árvores ao seu redor está em muito melhores condições de ventilação do que uma outra sem beirais e em terreno despido de vegetação.

Além das áreas de sombra criadas por meio de árvores, arbustos e beirais há um outro recurso igualmente simples e eficiente: o gramado. Geralmente a palavra está associada à grama inglesa ou havaiana, mangueiras, aspersores, jardineiros, aparadores de grama; em suma: alto custo, manutenção difícil, luxo e supérfluo. No entanto, minha idéia é muito diferente!

Quando falo em gramado, penso naquela vegetação nativa, resistente e rasteira que nasce e cresce por si só. Periodicamente seria feita uma limpeza. Nada de complicar a Natureza. Um gramado, seja de que tipo for, reduz o aquecimento do solo e permite circular um vento menos quente do que em terreno nu. Além disso, retém a poeira.

Dói na gente ver o capinador roçar, destroçar a grama nas calçadas e nas ruas. Bom seria que as prefeituras pusessem esses trabalhadores a regar e plantar árvores naquelas ruas quentes, secas, nuas e sem sombras.

Abro parênteses para um esclarecimento: nada tenho contra o ar condicionado em si. Minhas restrições são feitas ao seu uso abusivo e, de outro lado, ao fato de ser um equipamento de compra e manutenção caras e, por isso mesmo, fora do alcance da maioria. E mais: a energia tende, no futuro, a se tornar menos abundante e mais cara. O ar condicionado tem a qualidade de ser parcialmente filtrado, de não possuir excesso de umidade, de permitir o controle da temperatura, de evitar rajadas de ar, de tornar possível o isolamento sonoro do ambiente. O ruim de fazer o isolamento sonoro é que não é possível selecionar: são eliminados os ruídos da civilização tecnológica, mas também os sons da natureza. Se no local existirem árvores, ventos, pássaros, cigarras, tudo se perde: a sombra, a brisa e o canto.

9 Paredes e custos

A espessura das paredes nas construções da arquitetura antiga era proveniente do sistema construtivo; aquele paredão de um metro ou mais de espessura era uma barreira contra o calor. Isso não acontece com as delgadas paredes de hoje; poucas horas de sol são suficientes para que o calor atravesse a parede. Daí a necessidade de beirais amplos, de alpendres, de varandas.

Dizem que o terraço coberto aumenta a área de construção e eleva os custos. Isso merece uma análise. O argumento principal é que o metro quadrado custa *x* cruzeiros; portanto *n* metros aumentariam *n.x* cruzeiros o custo da construção. Trata-se de um ERRO GROSSEIRO, um raciocínio falho e sem estudo. É como aquele ''carro do povo'' terrivelmente feio mas que de tão vendido, de tão divulgado acaba passando sem ser notado, a não ser pelo barulho. Repetido ano após ano, passou a ser aceito. Assim também é o custo da construção. Como isso não é religião, nem doutrina política, podemos raciocinar à partir de fatos. Por exemplo: uma sala de 4 x 5 metros com interruptor, lâmpada, 2 portas e uma janela foi orçada em $ 40.000, o que resulta $ 2.000 por m^2. Entretanto...

... se a sala fosse aumentada para 5 x 6 metros o custo seria 30 m² x $ 2.000 = $ 60.000. NÃO! NÃO! Isso está errado.

Se a sala tiver as mesmas portas, janelas, lâmpadas etc., o adicional será menor, pois apenas estariam sendo acrescidos alguns centímetros de fios e de eletrodutos, 10 m² de piso e de coberta e cerca de 10 m² de parede mais o revestimento correspondente. Tudo isso representa numa construção coisa de 30% do custo total. Assim, no exemplo considerado, esses elementos não irão onerar o custo em $ 20.000 e sim em $ 12.000, ou seja, 30% de $ 40.000. O custo final será $ 52.000 e não aqueles $ 60.000 do primeiro cálculo. (Fui obrigado a omitir a moeda neste regime de hiperinflação em que tanta gente, em outras coisas, omitiu-se.)

As estatísticas ou melhor dizendo, sua *má utilização* é responsável por muitas distorções de projetos do "metro quadrado de construção a tantos cruzeiros". Em geral o lado econômico pesa na balança em prejuízo do conforto, e esse prejuízo aumenta quando os dados são mal utilizados.

Mas voltemos às paredes... Levando em conta o custo, o isolamento à base de camada de ar circulante é ainda o mais eficiente. O ideal seria uma parede dupla, como no desenho. É discutível nesse tipo de parede o custo, a dificuldade de construção, a precariedade da limpeza, etc., mas não sua eficiência. Com ela existe circulação do ar. O tijolo furado hoje em uso apresenta *câmaras isoladas*, mas não existem *canais* por onde circularia o ar quando aquecido. Essas câmaras funcionam como elemento isolante, mas, logo que são aquecidas, perdem seu efeito.

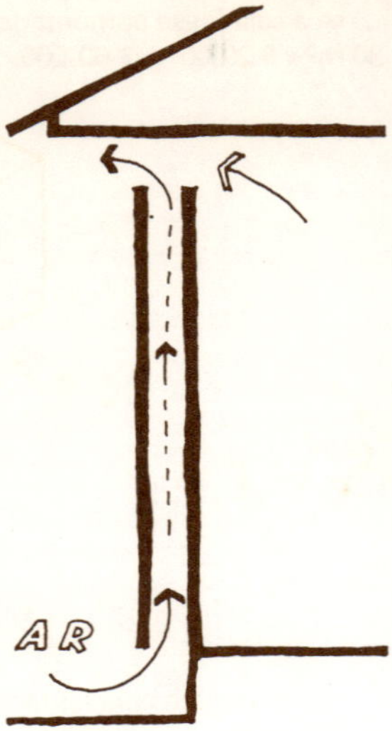

Isso não aconteceria se entre os tijolos furados não fosse colocada a argamassa; ao amarrar, ao fixar os tijolos, a argamassa fecha a circulação do ar. O problema não tem solução? ... Tem ... e muito antiga, por sinal! Substituir a argamassa por um sistema de encaixe dos blocos ou tijolos. Não tem segurança? ... As pirâmides do Egito ainda estão de pé! Assim como os terraços escalonados feitos nas montanhas do Peru pelos antigos incas. Os tijolos de 6 furos, porém, não se prestam a esse tipo de montagem.

O problema fica, então insolúvel?? Nada disso! Basta usar a imaginação ... ou virar a página, para ganhar tempo.

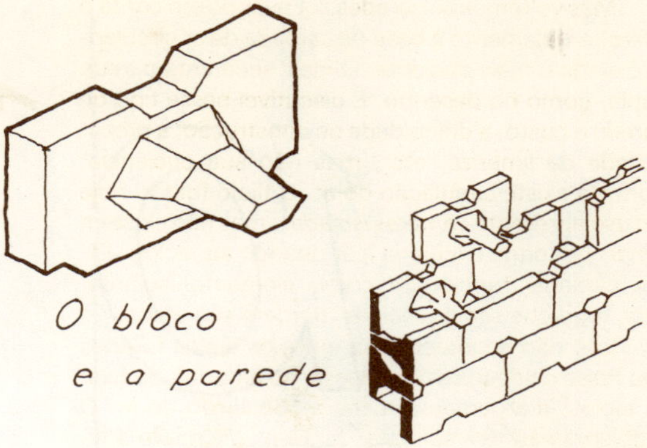

Num projeto apresentado para habitações populares no Peru, o arquiteto Cristofer Alexander imaginou esta solução: blocos de concreto pesando 5 quilos e com encaixes alternados, permitindo a construção de até 3 pavimentos; a fixação é feita com enxofre, que — quando aquecido — permite a *remoção* dos blocos para colocação, por exemplo, de canalizações, para abertura de vãos, para reformas, etc. (Observe bem: eu disse REMOÇÃO, que é muito diferente de destruição de tijolos.) O enxofre é abundante na região e, obviamente, em outro local, seria substituído por material da região. Mais detalhes podem ser encontrados na revista *Architectural Design*, de abril de 1970.

O combogó, ou elemento vasado, pode constituir uma parede que fecha o prédio e evita a insolação excessiva sem impedir a passagem do vento; oferece, ainda, proteção contra a chuva de vento e dá privacidade sem eliminar a visão para o exterior. É barato e durável. Existe sob mil formas e tipos ... por que não usá-lo?

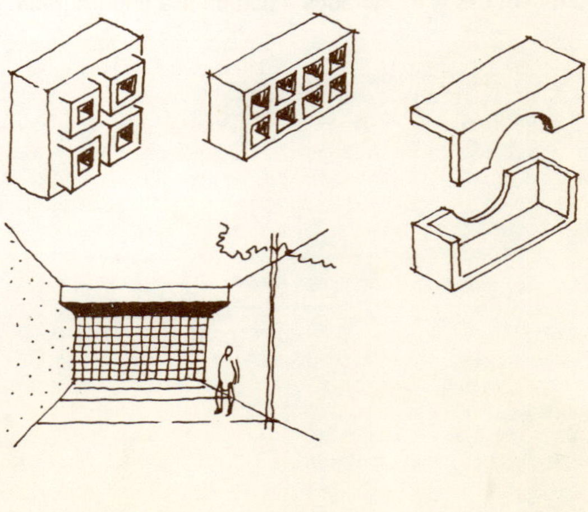

10

A água e o ar

Muita gente imagina que o ar, por ser leve e fluido, circula por si próprio ou é empurrado pela brisa mais suave. Essa idéia, embora bem aceita e muito simples, peca por absoluta falta de base: o motocontínuo permanece como ficção! Conhece-se a Lei da Inércia desde Newton; como as demais leis da Física, não pode ser posta de lado sob o risco de sérios prejuízos.

Nenhum arquiteto ou engenheiro pensaria em construir um prédio bastante alongado ou um simples passeio para pedestres (calçada) sem junta de dilatação. Em muito pouco tempo surgiriam rachaduras ou fissuras, atestando que as leis da Física não podem ser ignoradas sem pôr em risco a construção. Porém, quando, numa construção, o comportamento do ar não é devidamente considerado, os efeitos negativos não são vistos, mas são *percebidos*. Assim, uma cozinha mal ventilada é uma tremenda mistura de odores: açúcar, sal, óleo, alhos e bugalhos. Sente-se mas não se vê. Somente em casos exagerados a parede fica engordurada, pegajosa ...

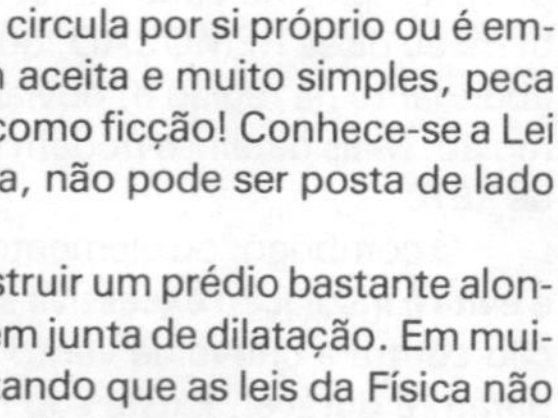

Para ter melhor idéia daquilo que acontece no movimento do ar basta que você observe o comportamento da água em condições semelhantes. Comece com uma mesa de tampo nivelado e polido; derramando um pouco de água no centro, ela se espalha em todas as direções e ... pára! A água não escorre para as bordas, a menos que: a) seja em grande quantidade; b) a mesa esteja desnivelada; c) haja uma corrente de ar capaz de empurrar a água num sentido.

Passando da água para o ar e virando a mesa de pernas para cima, o tampo vem a ser o forro. Uma porção do ar ficará retida no forro a menos que: a) haja grande quantidade de ar (a sobra poderia escapar); b) o forro seja inclinado; c) haja uma corrente de ar.

Os compartimentos de uma habitação devem ser ventilados, em quaisquer circunstâncias, durante todo o tempo, e não apenas quando sopra um vento forte. O arquiteto deverá, portanto, criar as condições para a ventilação: a) forro inclinado (de preferência); b) saída de ar no alto (pelo próprio forro ou rente a ele); c) entrada de ar baixa; d) forro liso. A pintura ideal é a óleo ou com acabamento em gesso. Quanto ao forro liso, volto à idéia da mesa e da água: se o tampo é áspero, rugoso, uma parte da água fica retida, ainda que a mesa esteja inclinada. Em escala menor, isso não é senão a repetição do que foi visto na página 28: os obstáculos reduzem a velocidade de circulação do ar.

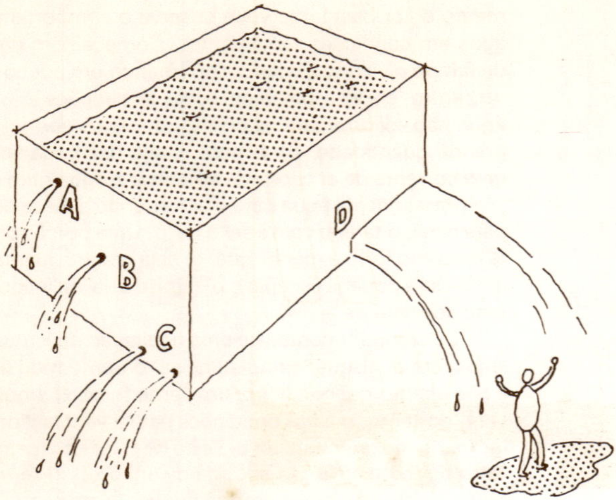

Um comportamento semelhante ao da água sobre a mesa e do ar pode ser observado em outro exemplo: um depósito cheio de água é furado no ponto A; a água vai escapando com leve pressão até chegar no nível do furo, ficando retido o restante da água. Se em lugar do furo A, fosse feito um furo B mais abaixo do nível A, a água escaparia com maior pressão do que em A. A pressão de escapamento da água seria máxima através do furo C, feito no nível do fundo do depósito. O esvaziamento da caixa seria mais rápido ainda se, em lugar de vários furos no nível de C, fizéssemos uma única abertura D de maior área.

Imagine agora, o depósito colocado com a tampa para baixo: o fundo é a laje do forro. Fica fácil imaginar como se comporta o ar e como ele escapa pelas aberturas feitas nas diferentes alturas.

11

Efeito dos ventos

O planejamento da ventilação de uma construção deve considerar o aproveitamento máximo dos ventos dominantes no local.

O ar move-se naturalmente por dois motivos:

a) diferenças de pressão, isto é, zonas de compressão e zonas de subpressão;

b) diferenças de temperatura.

No caso de construções baixas, o 2º fator é pouco importante.

Antes da apresentação dos esquemas de ventilação observados em diferentes casos, deve ser lembrado que, em toda mudança de direção do fluxo de ar, existe perda de *energia* e de *velocidade*.

O estudo de modelos no túnel de vento mostra a importância do uso de uma abertura pequena na parede de pressão (entrada), fazendo com que o ar entre com movimento rápido e, ao mesmo tempo, uma abertura não muito grande na parede de subpressão, de modo que a corrente de ar seja sugada na saída e alargada depois dela.

Este é, pois, um *princípio geral*: se no ambiente externo o ar circula com pouca velocidade, a abertura de entrada deve ser menor do que o vão de saída.

A colocação de aberturas pouco acima do piso fará com que uma parte do vento suba acima do prédio e que outra parte circule no nível do terreno. Esse vento levará para o interior a poeira e o ar aquecido, juntamente com detritos leves, folhas e papéis, a menos que se plante *grama*.

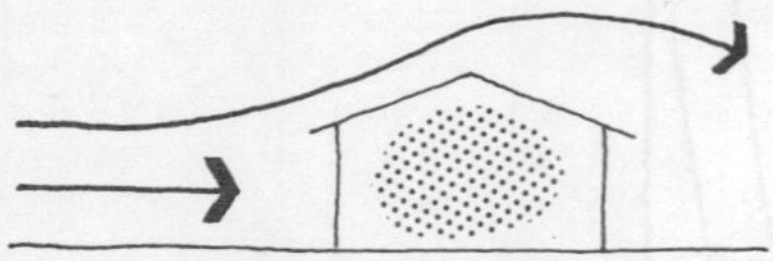

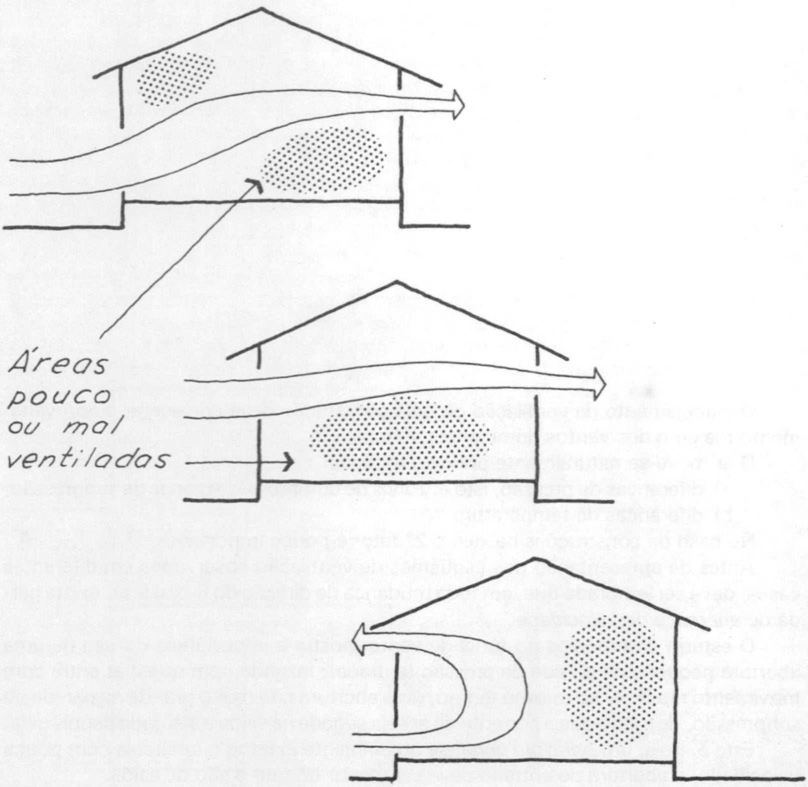

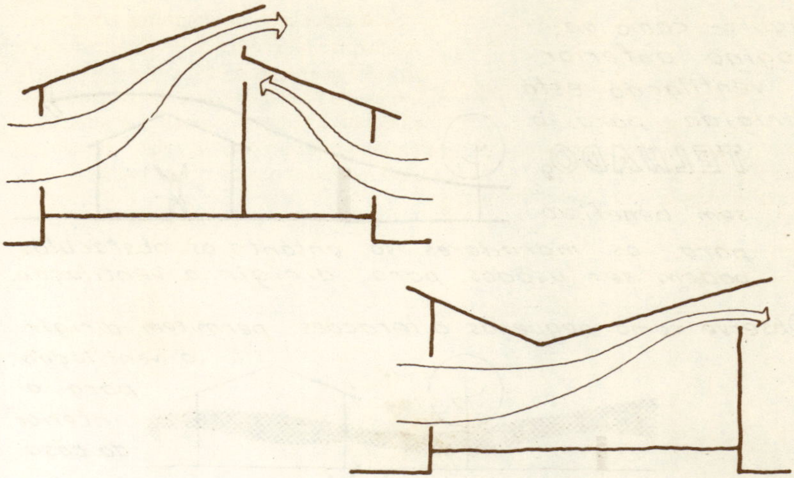

Acima: alterações na circulação do ar em função das aberturas feitas nas paredes.
Abaixo: ao encontrar obstáculos, o vento muda de direção e perde velocidade.

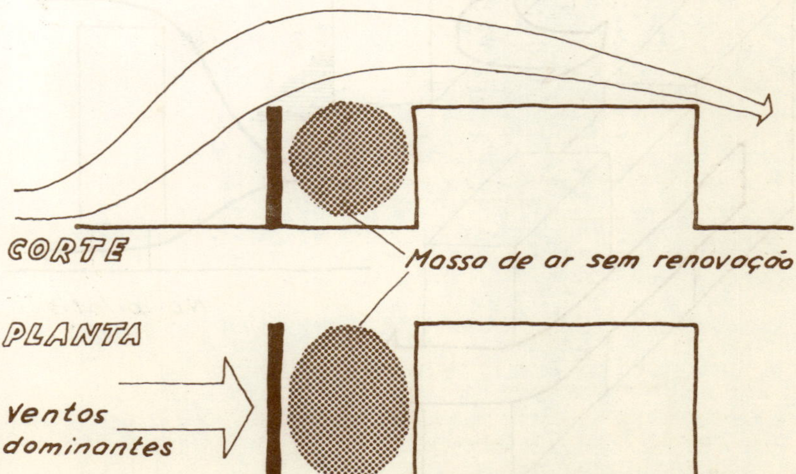

Aqui – como na página anterior – a ventilação está dirigida para o **TELHADO**, sem benefício para os moradores. No entanto, os obstáculos podem ser usados para dirigir a ventilação.

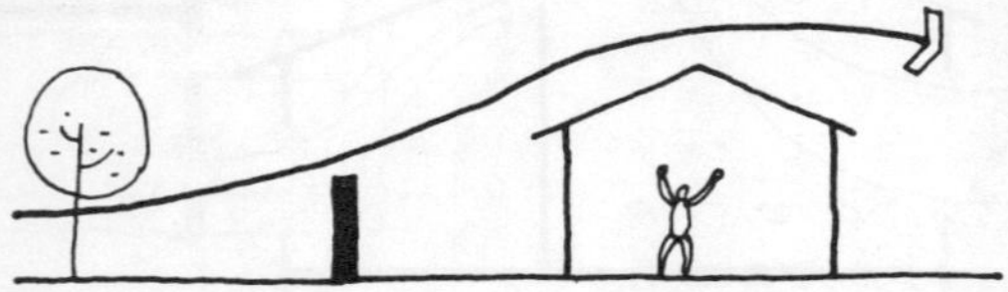

Observe como pequenas alterações permitem dirigir a ventilação para o interior da casa.

Nas **ARESTAS** e nas esquinas o vento muda de direção.

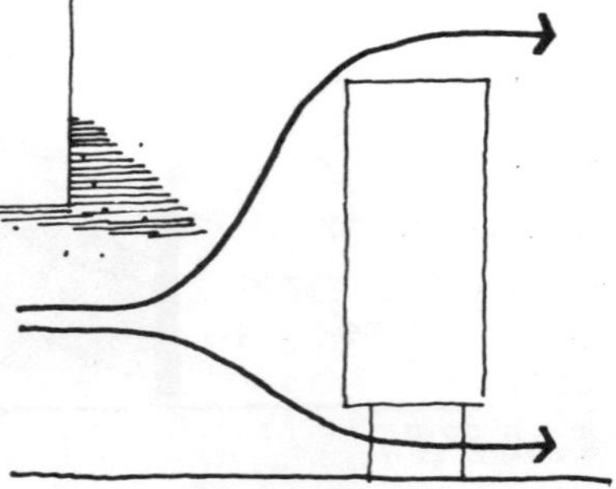

No pilotis

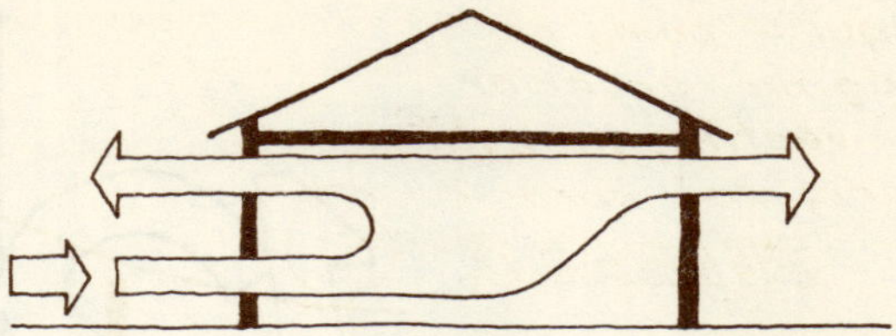

Os beirais e as venezianas podem ser usados para dirigir a ventilação. Aqui as venezianas dirigem o ar para baixo:

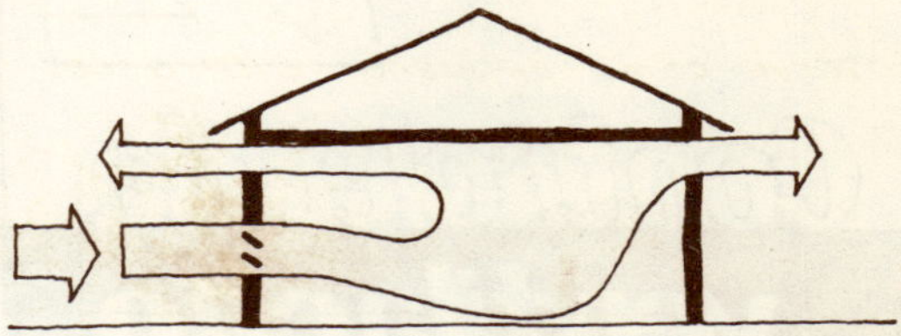

O beiral CURTO desvia a ventilação para o alto.

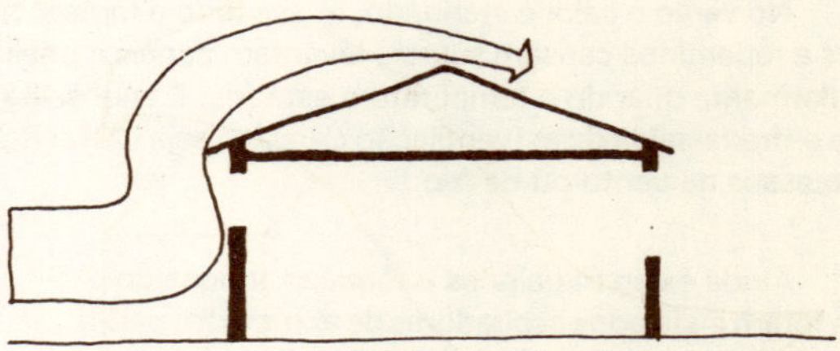

O beiral canaliza a ventilação para o interior.

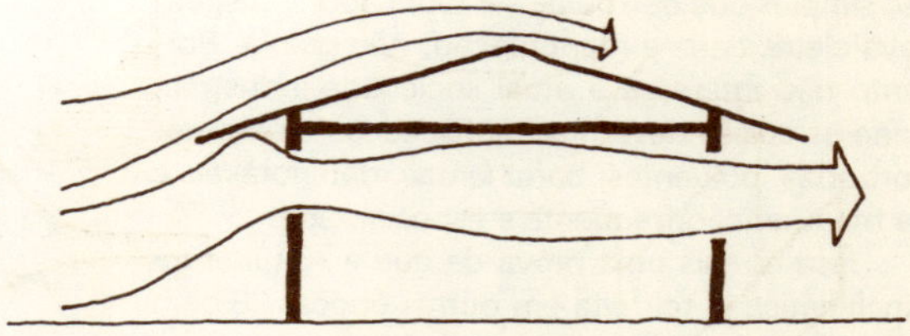

Observe o efeito de uma lâmina voltada para baixo.

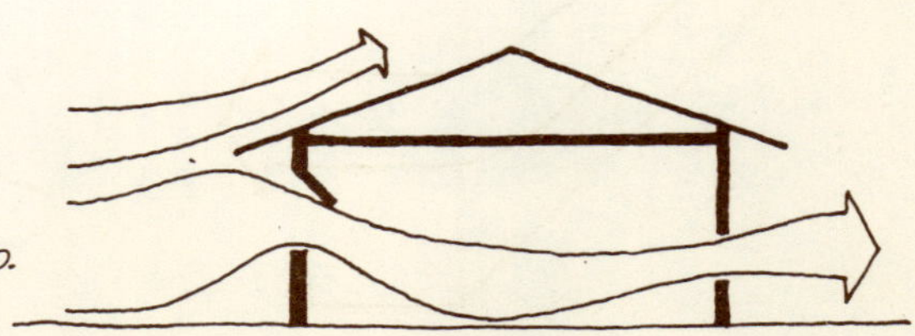

12 Controle da ventilação

No verão o calor é atenuado, quase todo o tempo, por brisas suaves. Ventos fortes e repentinos causam sustos, levantam papéis e poeira; enfim, incomodam, particularmente quando a temperatura está fria. É aconselhável, portanto, que o sistema de entrada-saída de ar (ventilação cruzada) seja CONTROLÁVEL, de modo a evitar os excessos de vento ou de frio.

Ainda existem galpões e fábricas antigas onde foram instalados aspiradores de ar movidos pela brisa vinda do exterior. Quando não há movimento do ar externo, o ar interno aquecido passa através das palhetas e ganha o exterior. O mecanismo é tão simples que deixou de ser fabricado... Dispensava eletricidade e manutenção, não poluía. Portanto não interessa à atual sociedade industrial, onde as coisas devem ser sofisticadas, computadorizadas, poluentes, barulhentas, deterioráveis e de manutenção freqüente e especializada.

Isso é mais uma prova de que a Arquitetura bioclimática já foi feita em outras épocas. E bem feita. É claro que sem esse nome bonito; naqueles tempos era simplesmente higiene do trabalho.

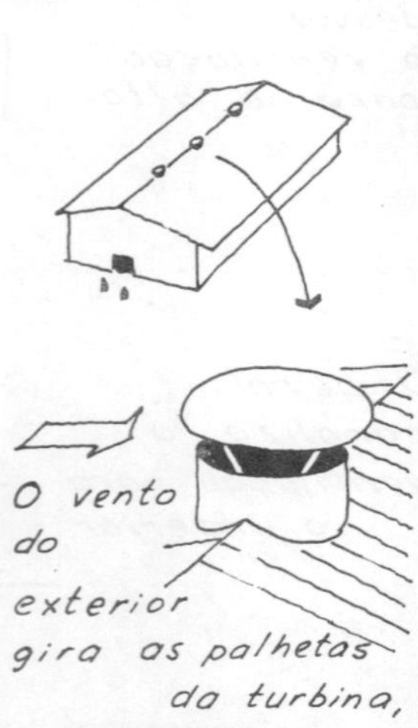

Uma outra aplicação da corrente de convecção ou subida do ar quente é nas chaminés ou no efeito de chaminé, pouco importa a designação.

Vulgarizadas pelas fábricas antigas — como os engenhos de cana-de-açúcar — as chaminés saíram de moda quando surgiu uma tecnologia mais sofisticada, embora não necessariamente melhor.

Nas residências, o efeito de chaminé pode ser aplicado na ventilação de:

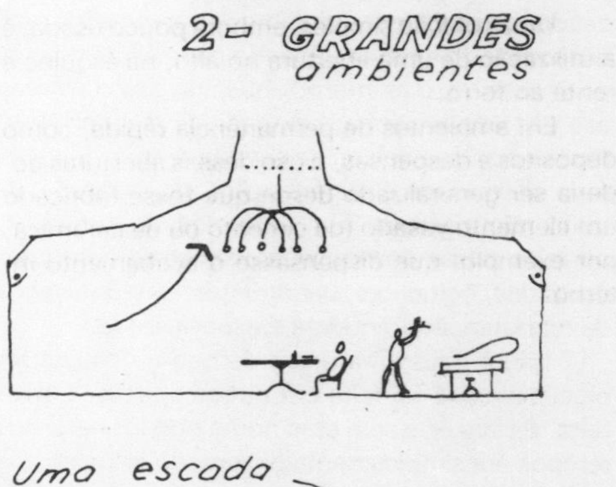

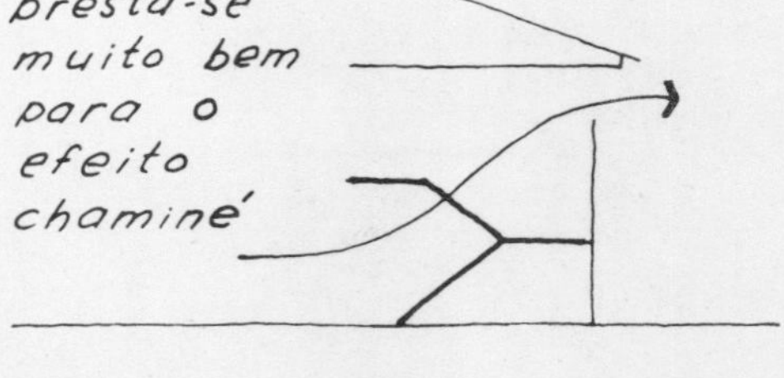

3- SANITÁRIOS e despensas

O poço de ventilação parece não ser muito higiênico. No caso de apartamentos é comum encontrar moradores com educação e hábitos de higiene abaixo do normal. Seria bem mais saudável a tiragem de ar por meio de um tubo individualizado partindo de cada ambiente (sanitário ou despensa) e indo até acima da coberta; o poço é coletivo (passagem), porém os dutos são individuais. Esta é uma lição da arquitetura européia que não foi aprendida aqui, ao contrário do que ocorreu com as fachadas de vidro: são um erro tecnológico (para eles também!), porém adotadas pelos arquitetos conformados e confirmados nos modismos.

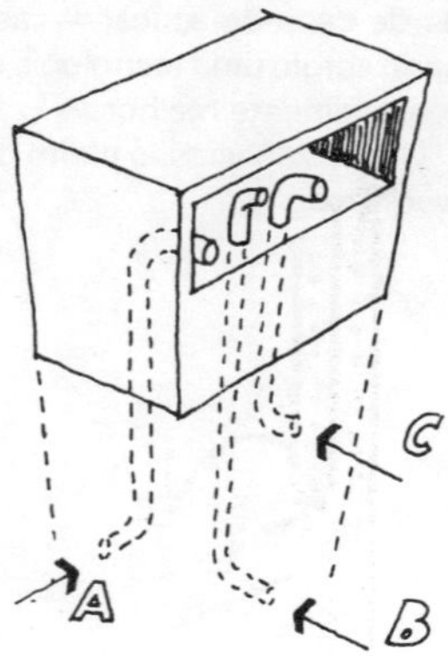

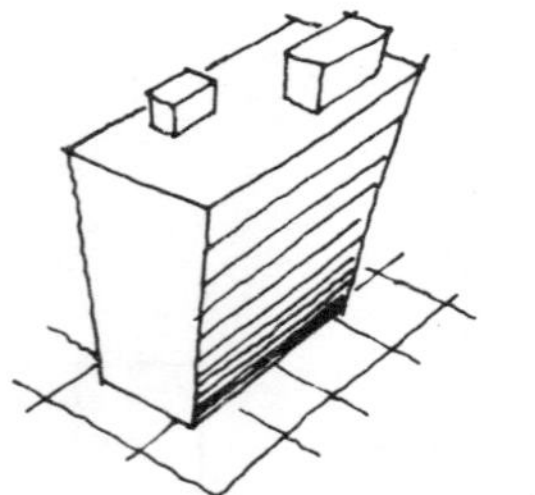

Uma solução simples, embora pouco usada, é a utilização de uma abertura no alto, na esquina e rente ao forro.

Em ambientes de permanência rápida, como depósitos e despensas, o uso dessas aberturas poderia ser generalizado desde que fosse fabricado um elemento vasado (de cimento ou de cerâmica, por exemplo) que dispensasse o acabamento interno.

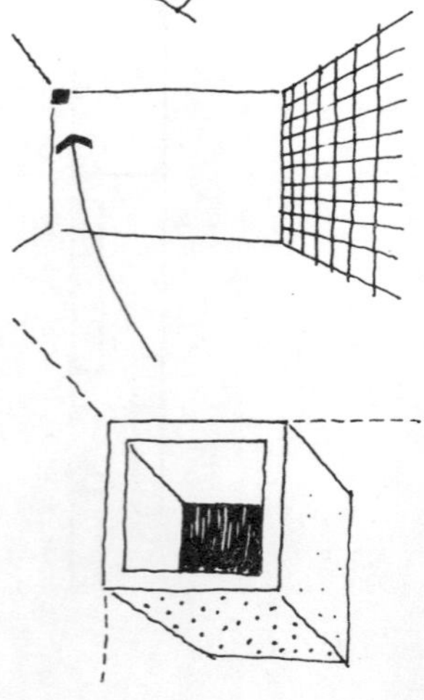

Vale a pena lembrar a experiência plenamente aprovada da antiga arquitetura árabe, onde a chaminé tem dupla função:

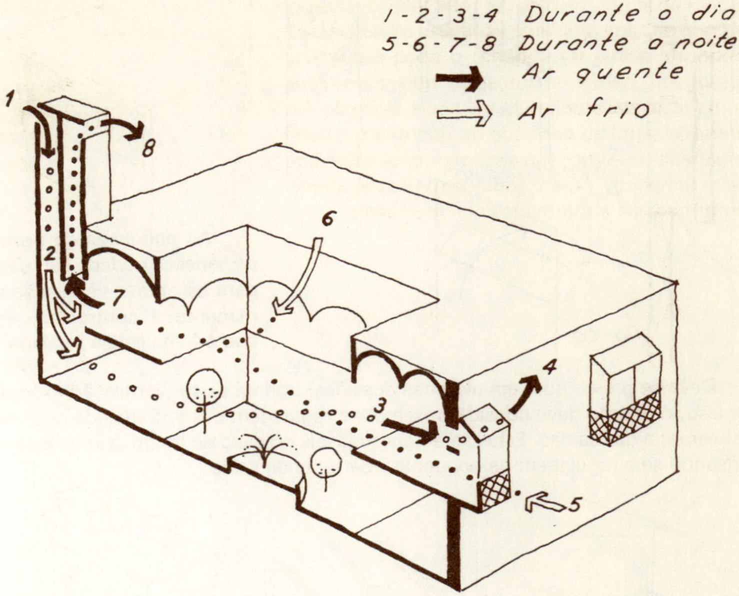

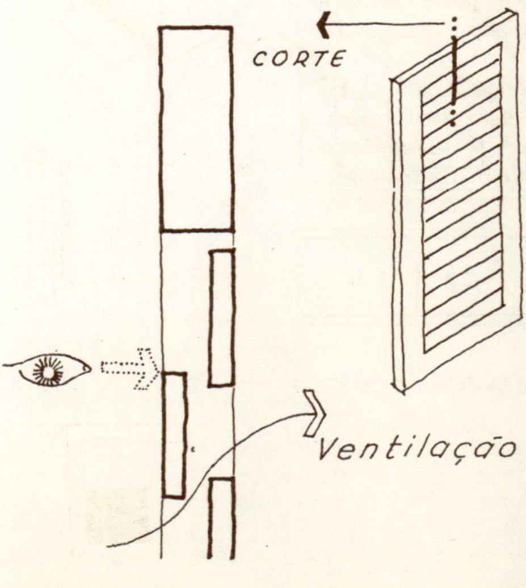

Outro recurso, tão simples quanto eficiente (de pouco uso também), é a utilização de réguas alternadas para ventilação através de portas.

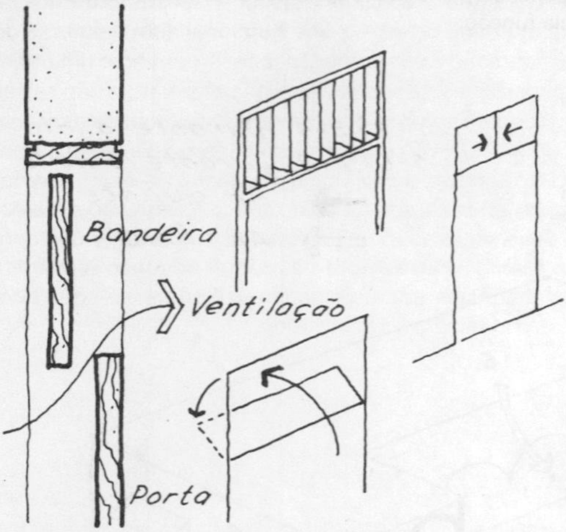

As bandeiras de portas e de janelas podem ser usadas para assegurar ventilação permanente e controlada, ainda que a folha esteja fechada.

Deve-se prever que, em algumas ocasiões, poderá existir ventilação excessiva. Por isso, o projeto deve considerar *sempre* a regulagem das entradas de ar e, eventualmente, a das saídas. Estas serão controláveis no caso de terem grande área, dispensando-se a regulagem de pequenas aberturas de saída.

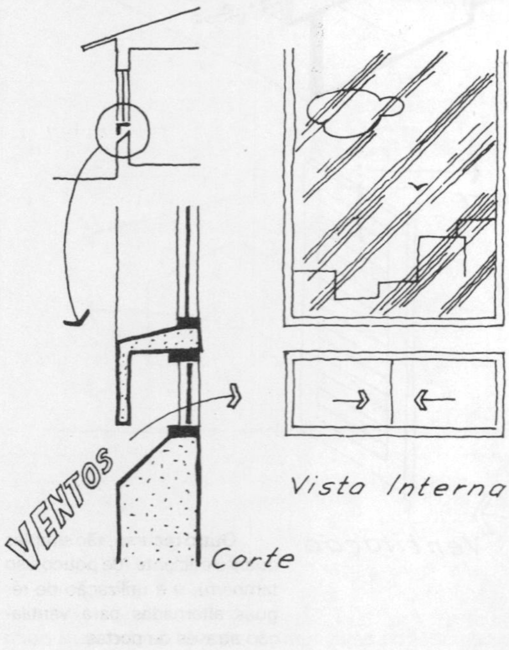

A arquitetura bem projetada e adequada ao clima tropical — sem os extremos de frio e calor, nem de secura ou de umidade do ar — pode funcionar sem o recurso de aparelhos eletromecânicos de refrigeração e de ventilação. É fácil identificar um projeto malconcebido: dentro dele as condições de ventilação e de temperatura são piores do que as de fora. Absurdo?! Então meta-se num destes prédios de fachada de vidro, desligue o ar condicionado ... é um forno! Ah!, com o ar condicionado a plena carga, ele funciona. Mas desde quando Arquitetura é projetar sem integração e sem harmonia com o ambiente?! A integração não pode ser apenas estética, como não o é a Arquitetura. A tecnologia existe e deve ser usada, mas não se deve confundir uso com abuso. Por outro lado, nem todo cliente é rico ao ponto de liberar o projeto sem limite de custos. Mesmo assim, deve ser considerado que a energia elétrica e a água nem sempre estarão disponíveis em abundância e o tempo todo.

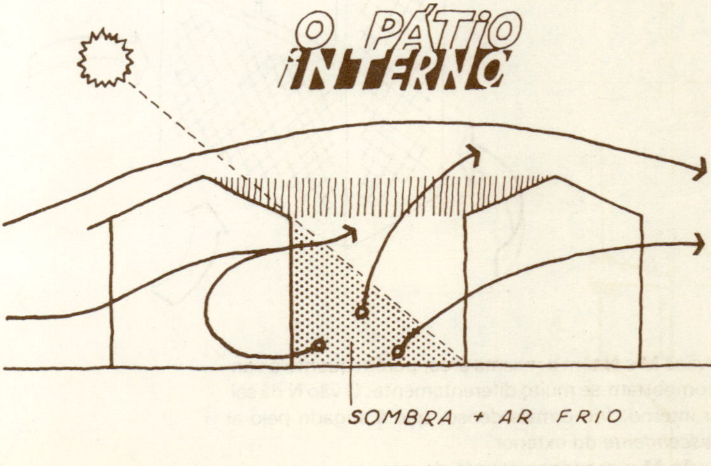

O ar mais frio é contido pelas paredes do pátio interno: ele é uma espécie de poço frio, cujo ar se expande até os compartimentos que abrem para ele. Melhor ainda se o pátio tiver árvores. Em qualquer caso, ele funciona como regulador térmico, sem complicação e sem custos adicionais.

O muxarabi — balcão cerrado por gelosias — é sacado em relação ao paramento não apenas por efeito plástico. Veja só:

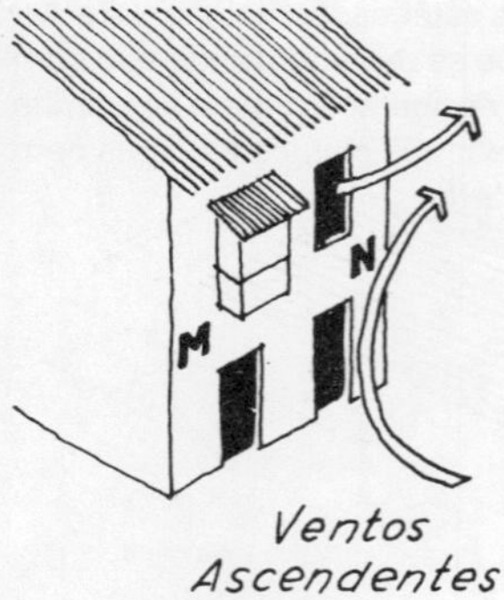

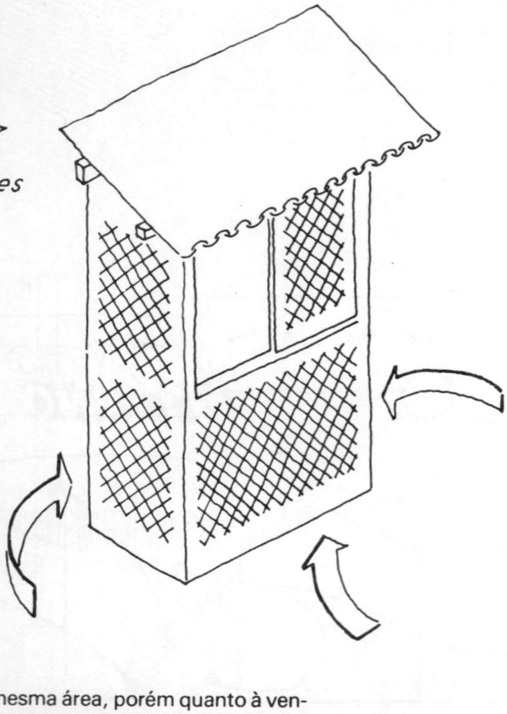

Os vãos M e N têm a mesma área, porém quanto à ventilação comportam-se muito diferentemente. O vão N dá saída ao ar interno, frio e mais denso, que é sugado pelo ar quente *ascendente* do exterior.

No vão M o ar menos quente do interior é levado por aragens vindas de QUALQUER DIREÇÃO. Embora M e N sejam vãos de área igual, o muxarabi tem muito maior *área de saída*: a face frontal (igual ao vão N) e mais as duas laterais.

Nem só de acertos se faz a Arquitetura. Deve-se aprender também com os erros... os alheios e os próprios. Essa é a finalidade dos exemplos analisados em seguida.

Não se pode afirmar com segurança que as grandes fachadas de vidro sejam o mais clamoroso erro da Arquitetura, mas, sem dúvida, é um deles. Outro é o dos acréscimos feitos com telhados (quase) horizontais, muito usados em postos de gasolina ou em antigas residências adaptadas para bares ou restaurantes.

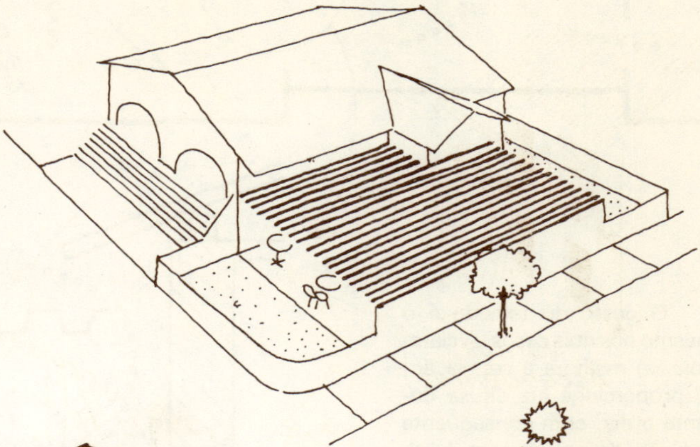

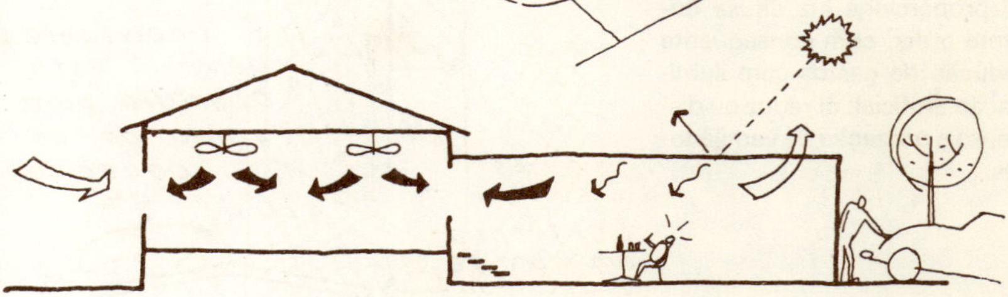

O telhado de alumínio, mesmo quando pintado, é bom transmissor de calor. Além do mais, quanto maior a superfície do telhado mais a temperatura se eleva, pois a renovação do ar se processa apenas em um ou dois lados do perímetro da coberta. Ainda não consegui descobrir as razões que impedem o uso de uma solução mais adequada, como a da página a seguir.

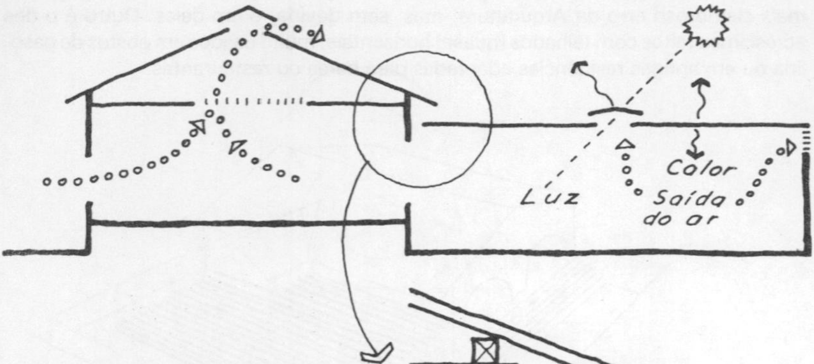

O custo do telhado é o mesmo nos dois casos. A claraboia: a) melhora a ventilação; b) proporciona luz difusa durante o dia, com conseqüente redução de gastos com iluminação artificial; c) reduz ou dispensa a utilização de ventiladores.

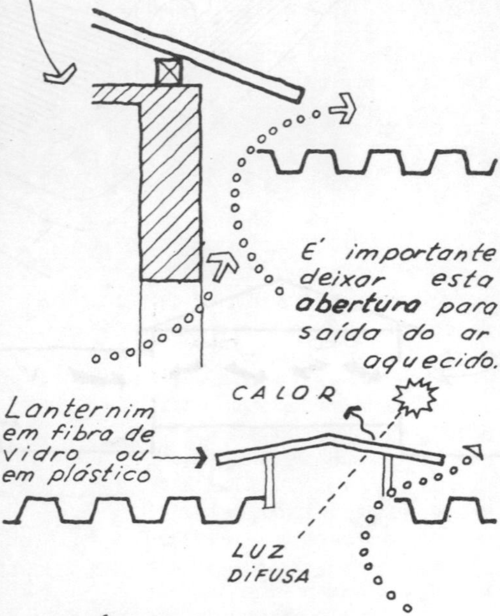

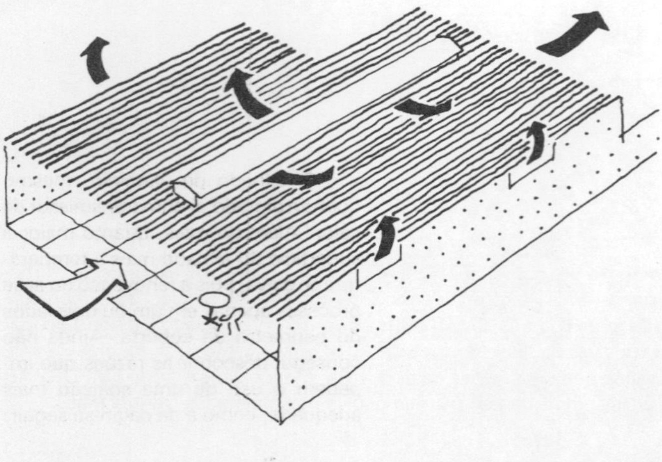

13 Teorias e... etc.

Mais de uma vez este livro falou de zonas de alta e de baixa pressão de ar. O que vem a ser isso?

Tudo começa quando o vento atua diante de um obstáculo, criando uma zona de compressão (+) e uma outra de subpressão (ar expandido ou —). As aberturas nas paredes devem ser estudadas de tal modo que a zona de baixa pressão funcione como fuga ou sucção para o ar da zona de compressão, aproveitando e orientando a inércia do movimento natural do ar. Então, de onde vem o ar?

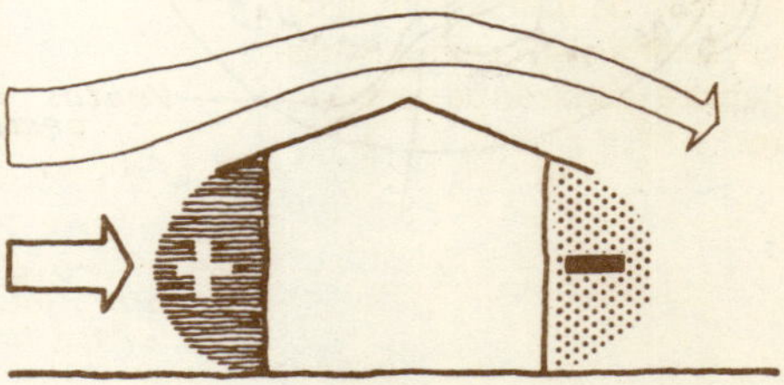

Sua origem tem a ver com a TEMPERATURA: o ar aquecido expande-se, torna-se mais leve, menos denso e sobe, criando uma corrente de convecção — como se viu no exemplo da água (Cap. 2). O ar frio é mais denso, mais pesado e tende a ocupar os espaços deixados vazios. Esse deslocamento produz o vento, o ar em movimento. O fato interessante é que uma massa de ar quente, menos densa, pode EMPURRAR uma massa de ar frio, mais densa: é o que ocorre nas chamadas frentes frias.

A Meteorologia tem muito a ensinar sobre o regime dos ventos. Por exemplo: o ar da região equatorial ao ser aquecido pelo sol torna-se mais leve, expande-se e sobe. Em cada hemisfério uma parte volta para o equador, formando os VENTOS ALÍSEOS, e a outra parte dirige-se para o pólo.

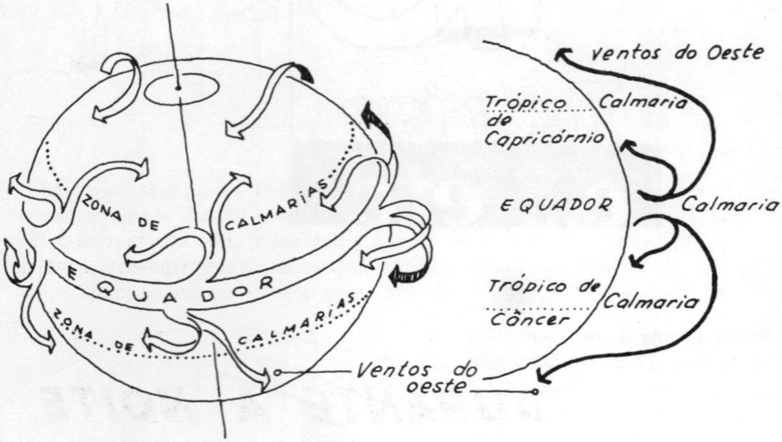

Os ventos alíseos são dominantes na região entre o equador e os trópicos; entretanto, muitos fatores alteram o regime dos ventos: montanhas, florestas, rios, lagos, o mar. Em particular é preciso estar atento para o regime duplo nas regiões litorâneas.

DURANTE O DIA

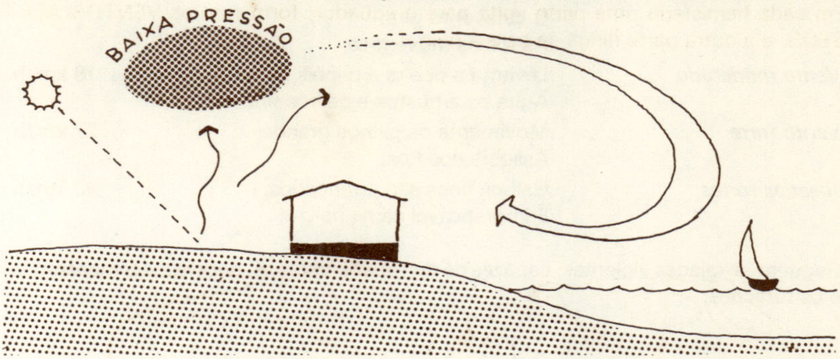

A terra é aquecida mais rapidamente que a água. O ar quente do continente sobe, criando uma zona de baixa pressão. O ar frio que está acima da água desloca-se para ocupá-la.

DURANTE A NOITE

A terra esfria mais rapidamente do que a água. O ar quente sobe a partir da água, e o ar frio vindo do continente vai ocupar a zona de baixa pressão.

A inversão do sentido dos ventos (dia-noite) não pode ser esquecida nos projetos para regiões costeiras.

Aqui está uma relação de VELOCIDADES dos ventos:

Brisa suave	Sente-se o vento no rosto. O catavento gira. As folhas movem-se.	7 km/h
Vento moderado	Levanta a poeira e papéis soltos. Agita os arbustos e galhos finos.	18 km/h
Vento forte	Movimenta os galhos grandes. Assobia nos fios.	27 km/h
Rajadas fortes	Galhos finos são arrancados. É impraticável caminhar.	40 km/h

Seguem-se rajadas violentas, capazes de derrubar árvores, e, depois, as tempestades e os furacões.

Em resumo:

1. Aproveitar os ventos dominantes: estudar a orientação do projeto depois de conhecer o gráfico dos ventos dominantes na região.
2. Evitar perda de velocidade do vento, isto é, mudar a direção somente depois de um percurso tão longo quanto possível.
3. Uma abertura pequena para entrada de ar aumenta a velocidade: o ar se concentra.
4. Uma abertura de saída muito grande provoca perda de velocidade do ar: o ar se dispersa.
5. Tirar partido do efeito de chaminé. É gratuito!
6. Usar a ventilação cruzada: evita o efeito de estufa nos ambientes.
7. Não esquecer a vegetação.
8. Examinar os obstáculos existentes ou a serem colocados na passagem dos ventos.
9. Muita atenção com os materiais delgados; em geral deixam passar o calor. Aplicar isolação térmica, se necessário.
10. A umidificação pode ser necessária nos climas secos.
11. Pensar sempre antes de fazer.

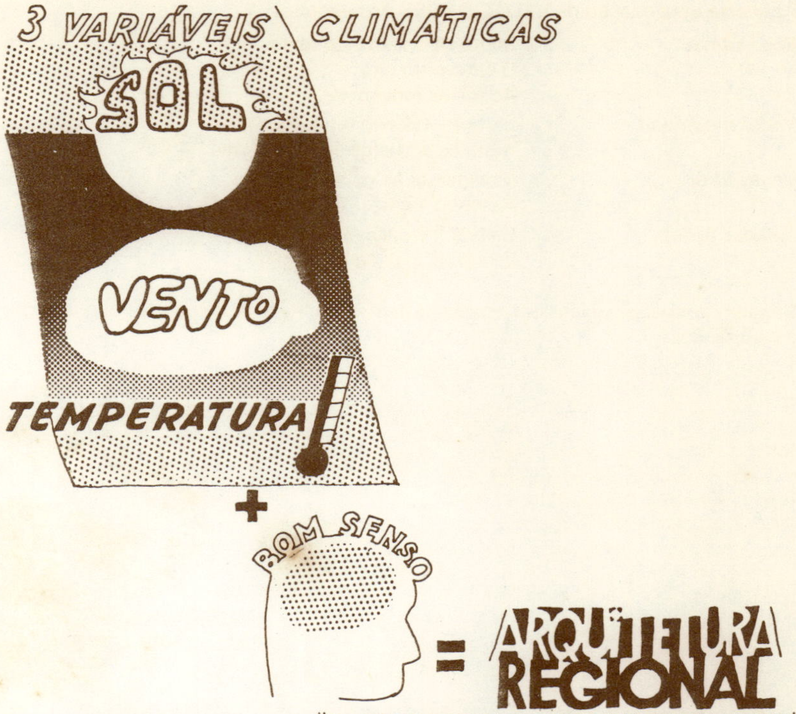

UM LEMBRETE: NOSSO LIVRO "A PERSPECTIVA DOS PROFISSIONAIS"
EDITORA EDGARD BLÜCHER, DE SÃO PAULO
ESTUDA, SOB O PONTO DE VISTA DO ARQUITETO, A INSOLAÇÃO:
SEUS GRÁFICOS E SEUS PROBLEMAS.

AGORA ...

... conto com a sua observação e bom senso, ainda que eu não tenha conseguido transmitir *o espírito e a essência da ventilação natural*.

Lembre-se de que os melhores exemplos aqui apresentados foram sempre de povos que NÃO CONHECERAM FÓRMULAS, nem tecnologias sofisticadas, mas tinham a sabedoria adquirida pela experiência:

a maloca do índio,
o templo egípcio,
a casa árabe,
a arquitetura colonial nos trópicos,
o mocambo nordestino.

Positivamente, isto não é COINCIDÊNCIA!

14

A origem das espécies de Cobertas

Com licença de Charles Darwin, gostaríamos de começar assim: existe uma razoável possibilidade de acerto em imaginar o homem pré-histórico dormindo em galhos no alto de árvores para fugir dos animais existentes no solo, ou usando ocos de árvores como abrigo, ou, ainda, refugiando-se em cavernas naturais.

Com o passar do tempo surgiu a necessidade de mudar de local, talvez despejado pelo senhorio por atrasos na entrega do aluguel (pedaço de carne), o que nos casos mais graves elevava a dívida até uma manada inteira. Fosse como fosse, o inquilino fugia para outras regiões, deixando com o Banco Nacional dos Galhos sua dívida a cobrar: mais um galho.

O leitor já percebeu que essa é uma viagem HISTÓRICA, melhor dizendo, à HISTÓRIA. Prossigamos, se bem que preferíssemos viajar para tratos e contratos com bancos e fundos internacionais. Antes, porém, já que falamos de dívidas, de fundos e de bancos, me respondam: Este livro foi comprado ou você pediu emprestado? O livro, claro.

Antes de inventar o *trailer* rebocável, o homem usou como abrigos provisórios, galhos de árvores com folhas, grandes folhas, palha, enfim, o material disponível na região. Assim foi que aprendeu a fazer abrigos de gelo (esquimós), de couro com galhos (indígenas), de caniços com barro, de pedras soltas, etc.

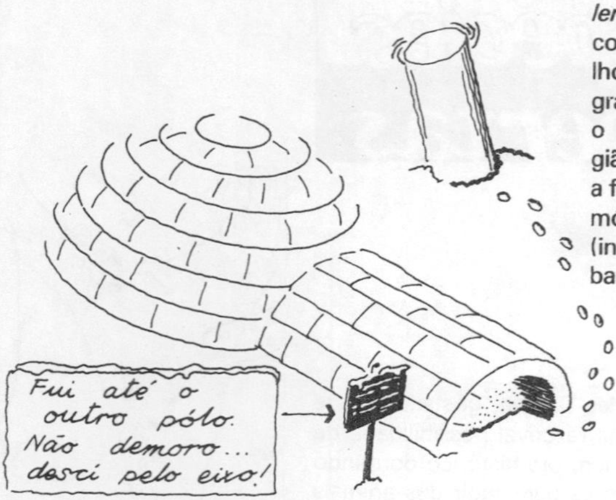

Supõem os estudiosos que, nos primeiros tempos, o homem agia por instinto — matava os animais para saciar a fome — e por defesa — matava os seus semelhantes. Mais adiante o roteiro mudou: o homem passa a matar por pura perversidade (''divertimento'' ou caça) os animais, e por ambição de poder e de dinheiro, a seus semelhantes. É a civilização que chega...

Usando sua maravilhosa inteligência, o homem aperfeiçoa os métodos e chama de guerra o extermínio sistemático e em massa. É claro que outros caracteres humanos também evoluíram paralelamente: a mentira, o roubo, a politicagem,... Mas não foi somente o lado negativo que se desenvolveu: a construção também evoluiu e, com ela, as variantes para a coberta.

A PEDRA

A abundância de pedras em algumas regiões há de ter feito o homem primitivo pensar em sua utilização em cercas (para aprisionar animais ou para proteger-se deles), em muros e em paredes como abrigo. Grandes pedras podem formar uma porta...

... OU MONUMENTO...

... ou uma COBERTURA.

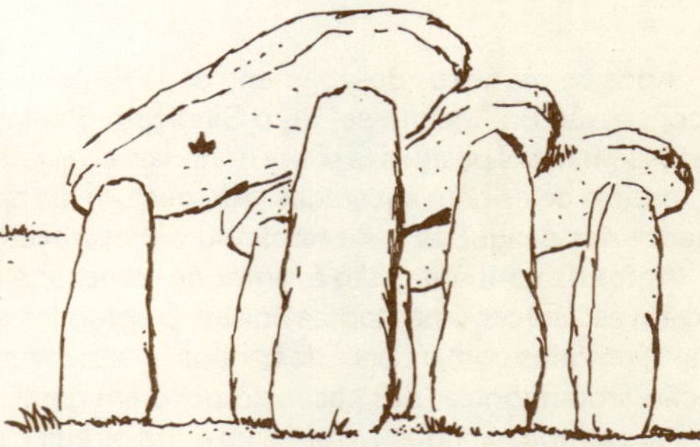

Nem sempre havia multidões de desocupados ou de escravos para levantar pesadíssimas pedras, de modo que restavam duas alternativas: inventar o guindaste ou usar uma cobertura de material mais leve. Supomos que o Departamento de Patentes não estava fiscalizando o pagamento de *royalties* e a 2ª hipótese prevaleceu.

As soluções foram muitas, em função dos materiais disponíveis:

— esteiras trançadas de palha;
— as folhas de palmeiras;
— galhos de árvores, com e sem folhas;
— caniços e barro;

e outras que se podem imaginar. Por exemplo:

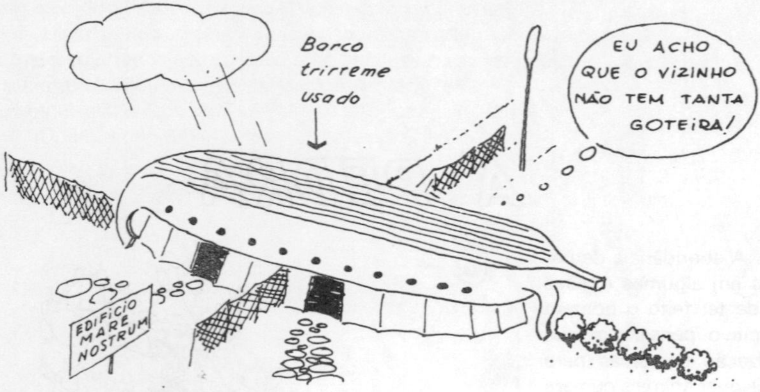

Após os primeiros desabamentos, as Prefeituras passaram a ser mais exigentes na concessão do "habite-se". E o Sindicato dos Inquilinos aprovou a proposta para que fossem feitas pesquisas sobre materiais alternativos. Surgiram soluções inesperadas, muitas delas bem sucedidas. Até que um dia apareceu um arquiteto como coordenador das pesquisas e ele terminou por escrever este livro!

Antes de continuar, isto é, antes de começar a mostrar as variantes das cobertas convém esclarecer umas tantas coisas. Os grandes edifícios de hoje — especialmetne os de escritórios comerciais e de bancos — são completamente diferentes, como concepção arquitetônica, das casas do povo em geral.

Nos tempos antigos — foi assim entre os egípcios, os mesopotâmicos, os gregos e os romanos — havia uma religião que não era centrada no dinheiro (como são os bancos de hoje), mas que desfrutava do poder ou era o próprio poder. Os governantes, reis, sumo-sacerdotes ou imperadores — que se julgavam deuses — construíram templos de pedra.

São esses os edifícios que ficaram na História da Arquitetura. Mas o povo tinha um processo construtivo *completamente diverso*. Tal como acontece hoje com as sedes de bancos, repletas de mármores e de vidros, e as casas populares de latas, de tábuas, de zinco, de papelão.

Naquelas civilizações, a casa popular era basicamente a mesma: paredes de tijolos de barro (cozidos ou não) e cobertura em trançado de madeira ou de caniços cobertos de barro, a exemplo do mocambo nordestino (casa de taipa). Portanto, nestes dois mil e tantos anos não mudaram muito os sistemas construtivos, nem as condições de vida da população que está fora do poder.

Em função do material disponível no local, o homem faz a cobertura com material vegetal (caniços, palha, folhas, capim) ou usa o vegetal como proteção da coberta de barro.

É muito difícil tentar reconstituir a evolução dos processos que levaram à descoberta das abóbadas e das cúpulas. Teria sido a partir de tetos de barro? Ou dos de pedras? Ou de ambos?

É possível que tenha começado assim:

O passo seguinte é sair de baixo, já que o inventor não sabe como a coisa funciona. O outro passo — agora na escala evolutiva — é fazer o arco com muitas peças, como cunhas:

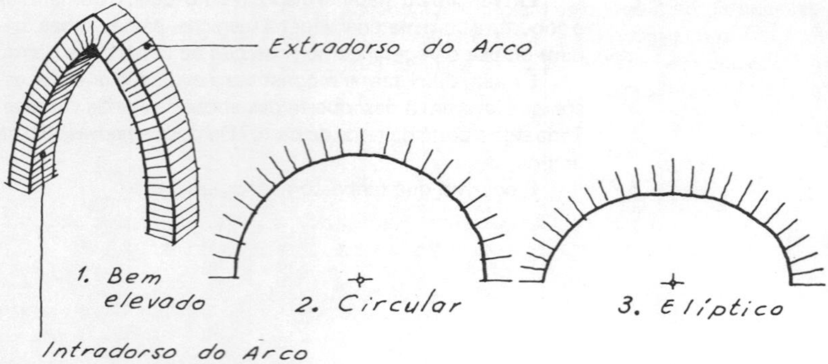

Uma vez dominada a técnica construtiva, segue-se um carnaval de **FORMAS** do arco:

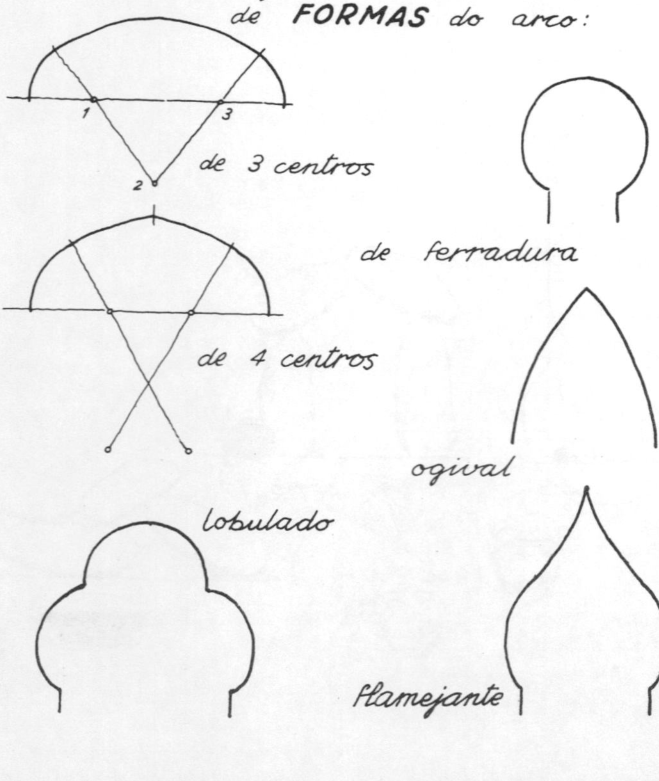

Até aqui somente se fez o arco em um *plano vertical*. A repetição de um arco atrás do outro formaria a abóbada, um passo não somente ousado quanto criador. A invenção não chegou a ser patenteada e, como deu certo, tem dezenas de pais... Assim como centenas de órfãos: os filhos dos construtores que, nas primeiras experiências, estavam debaixo na ocasião dos desabamentos. Segundo a maioria dos livros, os romanos foram os precursores das abóbadas ou, pelo menos, os seus divulgadores, pois os egípcios e os etruscos já as construíam.

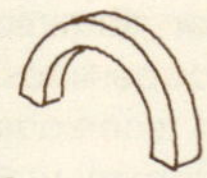

O arco repete-se, formando a ABÓBADA:

O eixo é uma RETA.

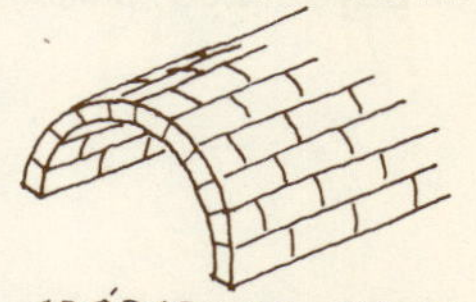

A ABÓBADA DE BERÇO é formada por blocos de pedra AMARRADOS, como na alvenaria de tijolos.

O *cruzamento* de duas abóbadas dispensa o semáforo e forma o que se chama "abóbada de arestas", no caso em que as duas abóbadas têm a mesma altura:

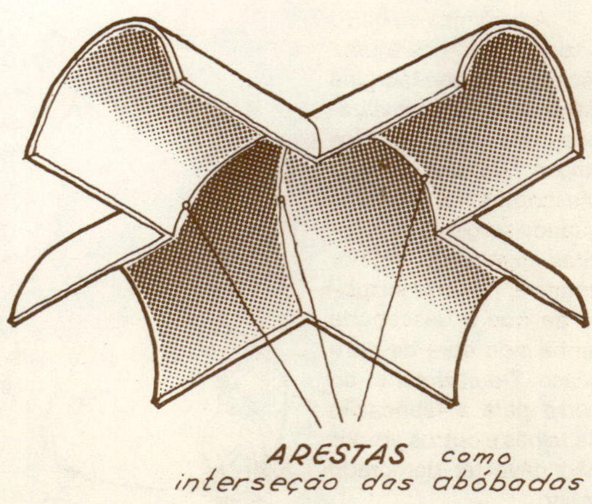

ARESTAS como interseção das abóbadas

Um melhor domínio da técnica construtiva levou à substituição dos pesados blocos de pedra por placas finas. Desenvolvida a tecnologia da pedra e — tudo indica — conhecido o funcionamento estrutural, logo se chegou à arquitetura gótica.

No entanto, a arquitetura das habitações do povo (da plebe, como se dizia na época) permaneceu a mesma do tempo dos egípcios: em madeira e barro. Nas catedrais góticas, é claro, foram adotados os melhores materiais e os melhores processos; assim, por essa época (Idade Média), começam a ser usados na coberta os planos inclinados formados por pequenas placas de pedra (ardosia, por exemplo) ou de barro cozido apoiadas sobre uma estrutura de madeira.

Como sempre, nada de novo sob o sol! A técnica construtiva da telha veio provavelmente do sul da Ásia. Resta saber se chegou à Europa por reembolso postal ou através de viajantes de caravanas, que eram as agências de turismo da época, ou (Quem Sabe?) pode ter havido na Índia, no Sião ou na China o 1º Congresso Internacional dos Fabricantes de Telhas, contando com a visita de arquitetos europeus.

A CERÂMICA

A cerâmica ou barro cozido em fornos é uma técnica milenar, surgida antes das antigas civilizações dos vales dos rios Nilo e Eufrates (Egito e Mesopotâmia). Como e quando surgiu são incógnitas dignas do melhor detetive; há forte suspeita de que a descoberta tenha sido obra de puro acaso. Do cozimento do barro para a fabricação de telhas e outros artigos não deve ter demorado muito.

Resumidamente, a técnica de construir com telhas era esta:

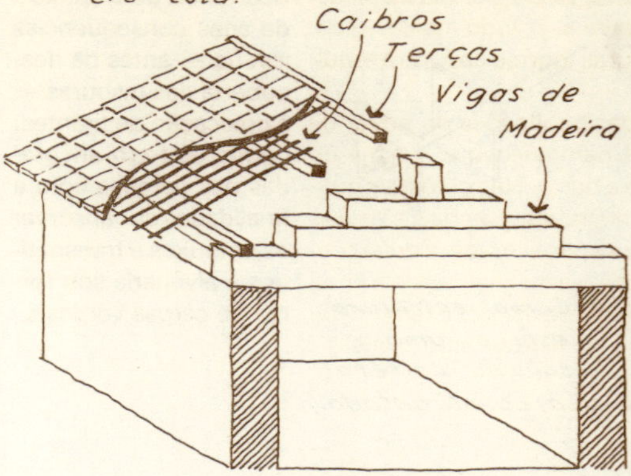

As telhas são postas sobre as ripas; todo o peso é transmitido aos caibros, ... que o passa às terças e... destas para as vigas. A viga mais baixa concentra todas as cargas e as descarrega sobre as paredes.

A estrutura, pesada e dispendiosa, evoluiu para:

Muito menor gasto de madeira!

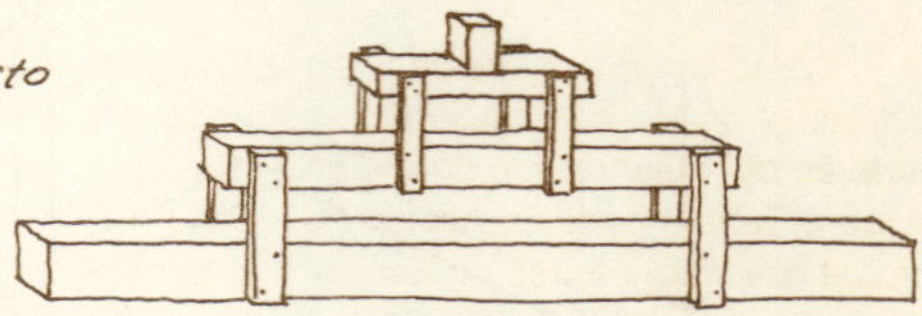

Entretanto, ambas são pesadas e sujeitas a deformações; assim:

A

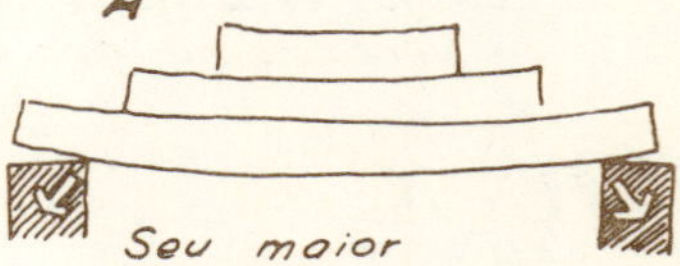

B

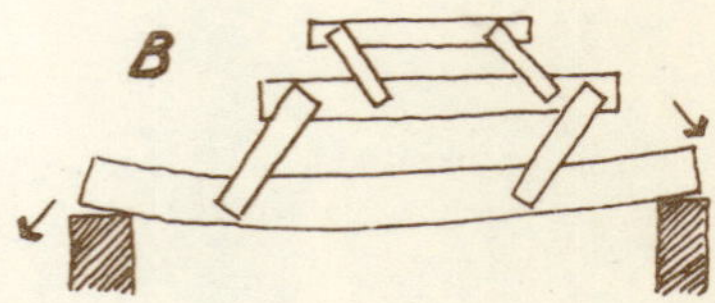

Seu maior defeito é transmitir **CARGAS OBLÍQUAS** ou EMPUXOS à alvenaria.

A alvenaria suporta bem as cargas verticais, porém resiste mal aos empuxos.

Surge, depois, a FALSA TESOURA, melhor do que os tipos anteriores, porém, igualmente deformável e gerando empuxos.

C

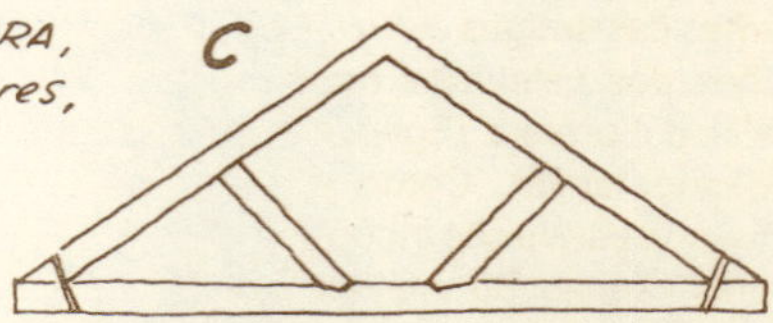

Daí até chegar à tesoura não falta muito. Nos três tipos anteriores A, B e C, a estrutura é deformável e transmite empuxos (cargas laterais) aos apoios. Esta é uma das razões para a utilização, na arquitetura antiga, de grossas paredes capazes de resistir a tais empuxos.

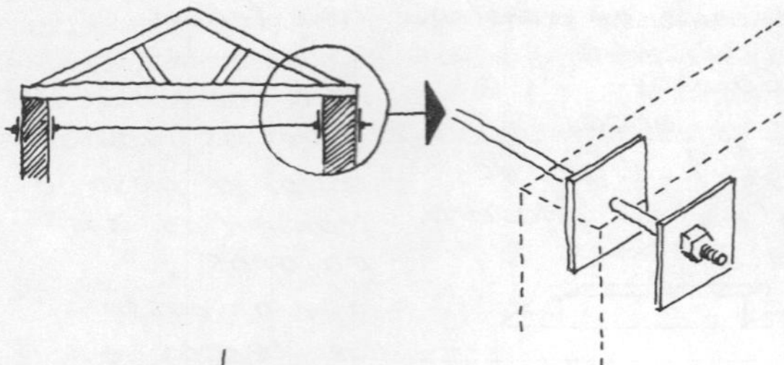

A percepção da ocorrência do empuxo e de suas conseqüências levaria — antes da descoberta das tesouras — à colocação de tirantes: barras de ferro ancoradas nas paredes com a finalidade de absorver os empuxos e transmiti-los à alvenaria sob forma de cargas verticais.

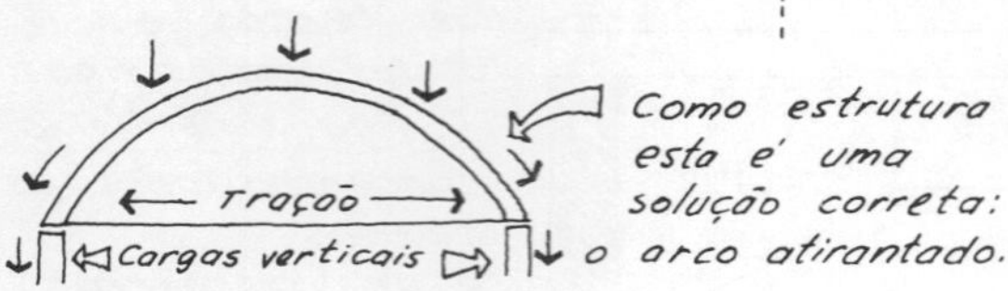

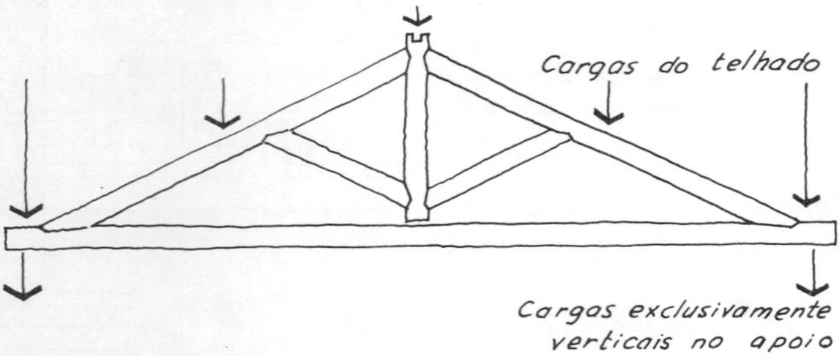

A tesoura funciona como elemento de absorção das cargas do telhado. Algumas de suas peças são submetidas à compressão e outras à tração; o conjunto fica em equilíbrio, de tal modo que o apoio recebe apenas carga vertical. O assunto continua no capítulo 17.

Voltemos às telhas. A pedra foi usada como cobertura ora em grandes blocos ou lajes, ora em peças pequenas apoiadas sobre as estruturas que acabamos de mostrar e que são cada vez menos empíricas.

A utilização da telha de barro cozido provavelmente começou com as telhas planas, como estas:

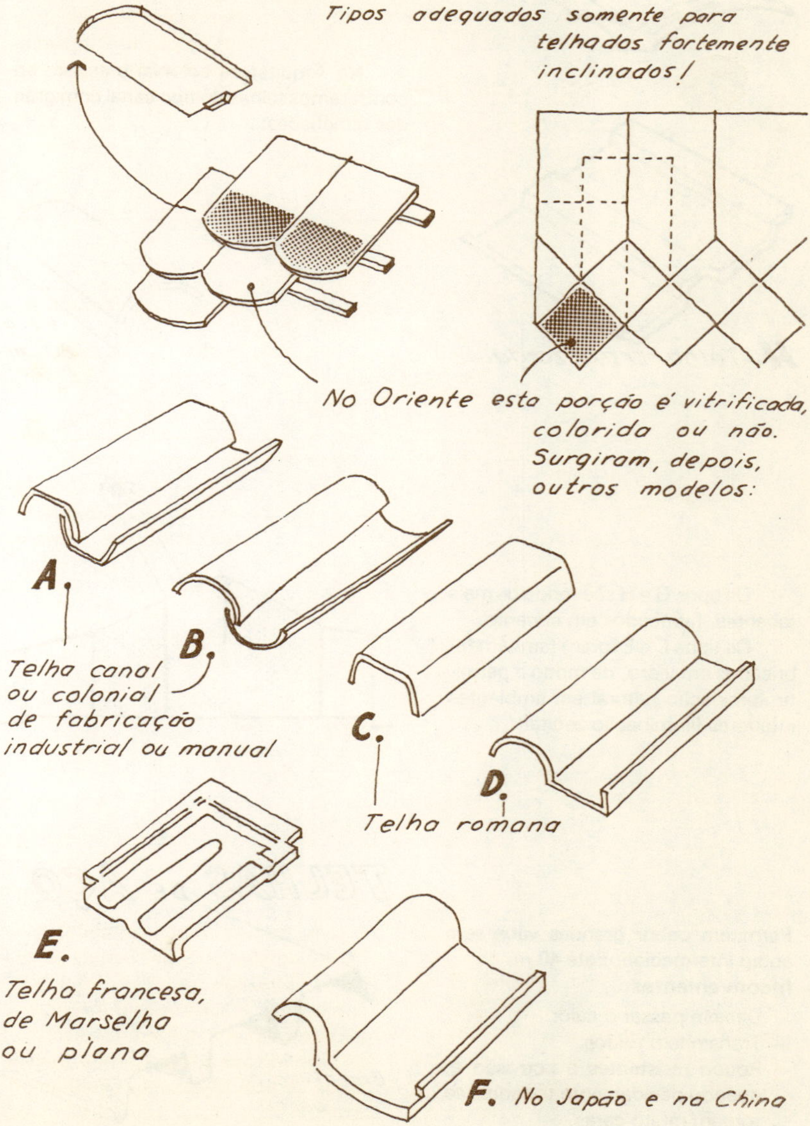

G. *Telha vazada*

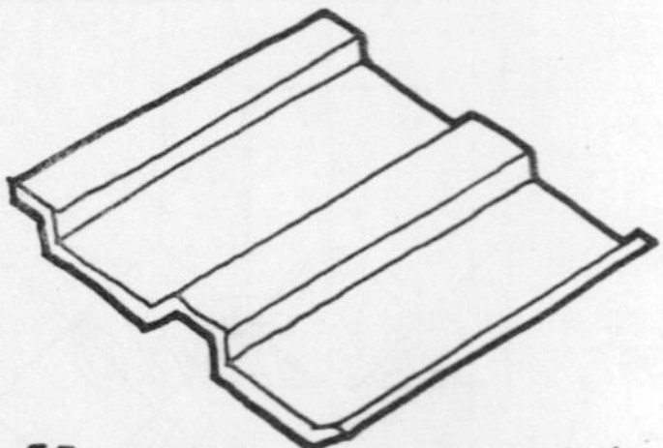

H. *Telha trapezoidal*

Na Arquitetura colonial brasileira encontraremos telhas do tipo canal com grandes dimensões:

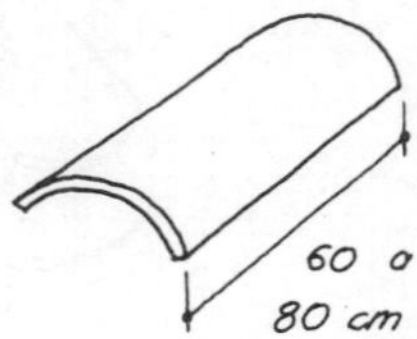

Os tipos G e H são modelos mais recentes, fabricados em cimento.

Os tipos C e E foram também fabricados em vidro, de modo a permitir iluminação natural em ambientes interiores (iluminação zenital).

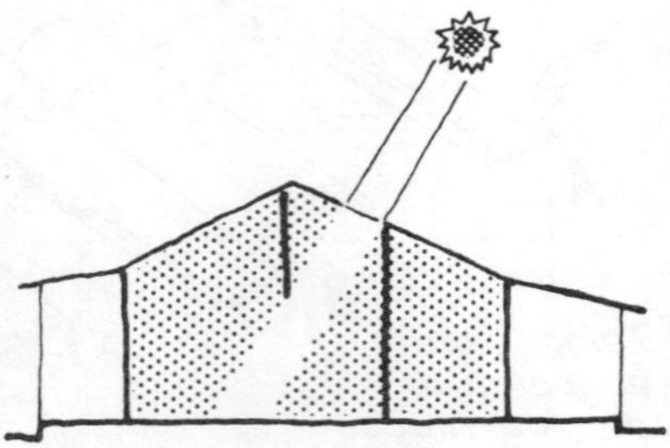

TELHAS DE AÇO

Permitem cobrir grandes vãos sem apoio intermediário: até 40 m.

Inconvenientes:

- Deixem passar o calor.
- Transmitem ruídos.
- Pouco resistentes à corrosão e, quando devidamente tratadas, se tornam muito caras.

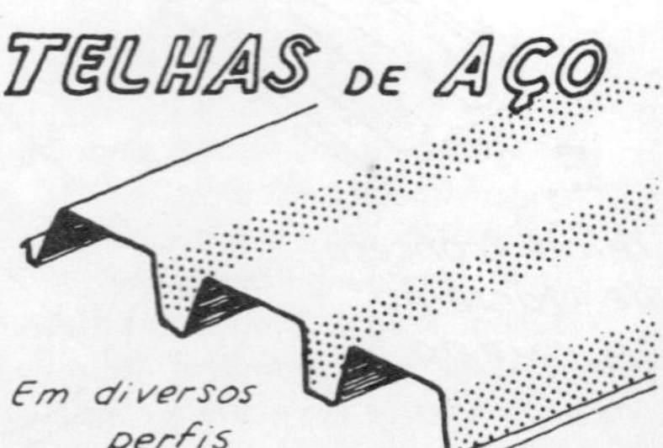

São de reduzida espessura.
Exigem estrutura de apoio.
Apresentam os inconvenientes da anterior, sem as suas vantagens.

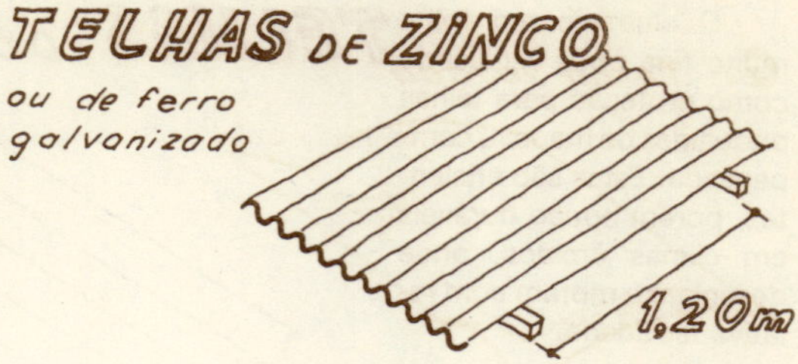

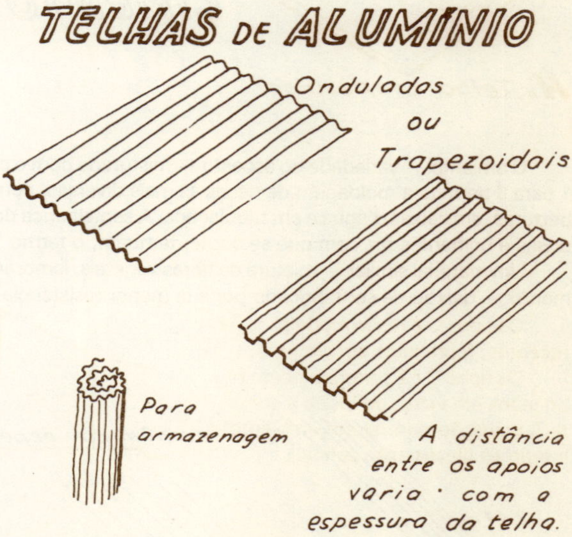

São leves e duráveis, reduzindo muito o peso da coberta.
Exigem apoios próximos.
Transmitem calor e ruídos.
Amassam e furam facilmente.

Quando usadas como sanduíche (duas telhas de alumínio ligadas por camada de plástico endurecido) permitem maiores vãos, isolam do calor e reduzem a propagação de ruídos. Em troca, o material plástico, quando submetido a fogo, desprende gases mortíferos.

TELHAS DE MADEIRA

O alumínio em folha muito fina pode ser usado como proteção para telhas onduladas de madeira compensada. Estas são eficientes, porém pouco duráveis em climas úmidos, onde descolam e mofam com relativa facilidade.

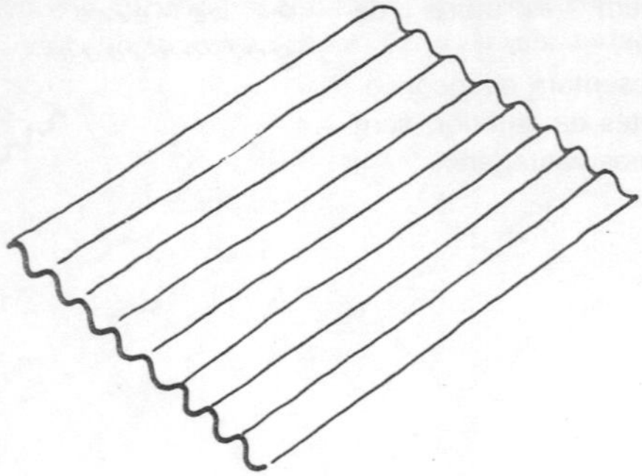

TELHAS DE CIMENTO-AMIANTO

O amianto — variedade do asbesto — misturado com o cimento na proporção de 1 para 6 permite a moldagem de peças as mais diversas, comumente usadas em coberturas, em caixas d'água e em tubulações. A semelhança do amianto com fibras sedosas e brilhantes faz com que se adote, também, o termo "fibro-cimento".

Um material similar — mistura de fibras vegetais, lembrando o papelão, com o cimento — deixou de ser fabricado por sua menor resistência e durabilidade inferior.

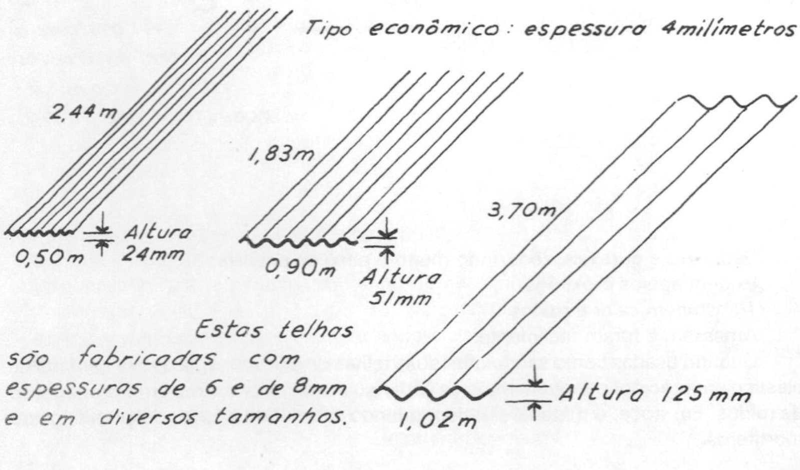

Em função dessas formas comercializadas surgiram dezenas de peças complementares: cumeeiras, rufos, respingadores, tacaniças etc. As definições estão na p. 94. A maioria dessas peças não se encontra nos armazéns de construção, embora sejam fabricadas e constem dos catálogos dos fabricantes.

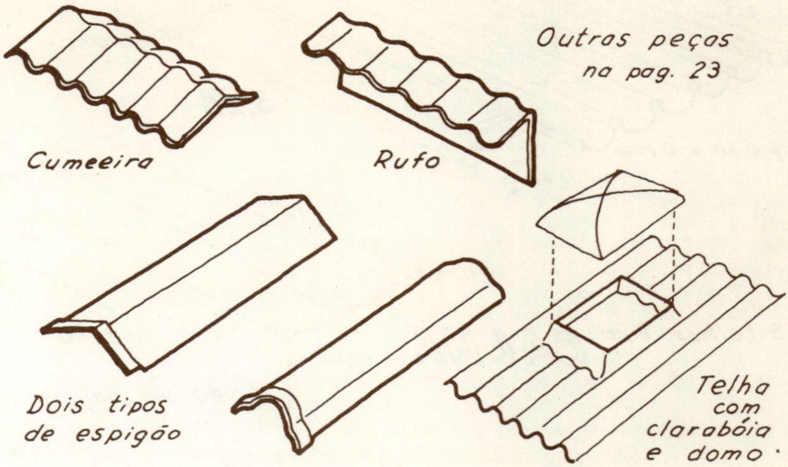

Inconvenientes:

1. O material deixa passar boa parte do calor, o que pode ser atenuado por um bom projeto de ventilação; como isso, muitas vezes, não ocorre, o material fica com a culpa, injustamente.
2. O amianto é considerado cancerígeno e tem sua utilização proibida na Suécia e na Noruega. O risco é particularmente grande para o operário que corta ou fura o cimento-amianto, quando se desprendem fibras de amianto em maior quantidade.

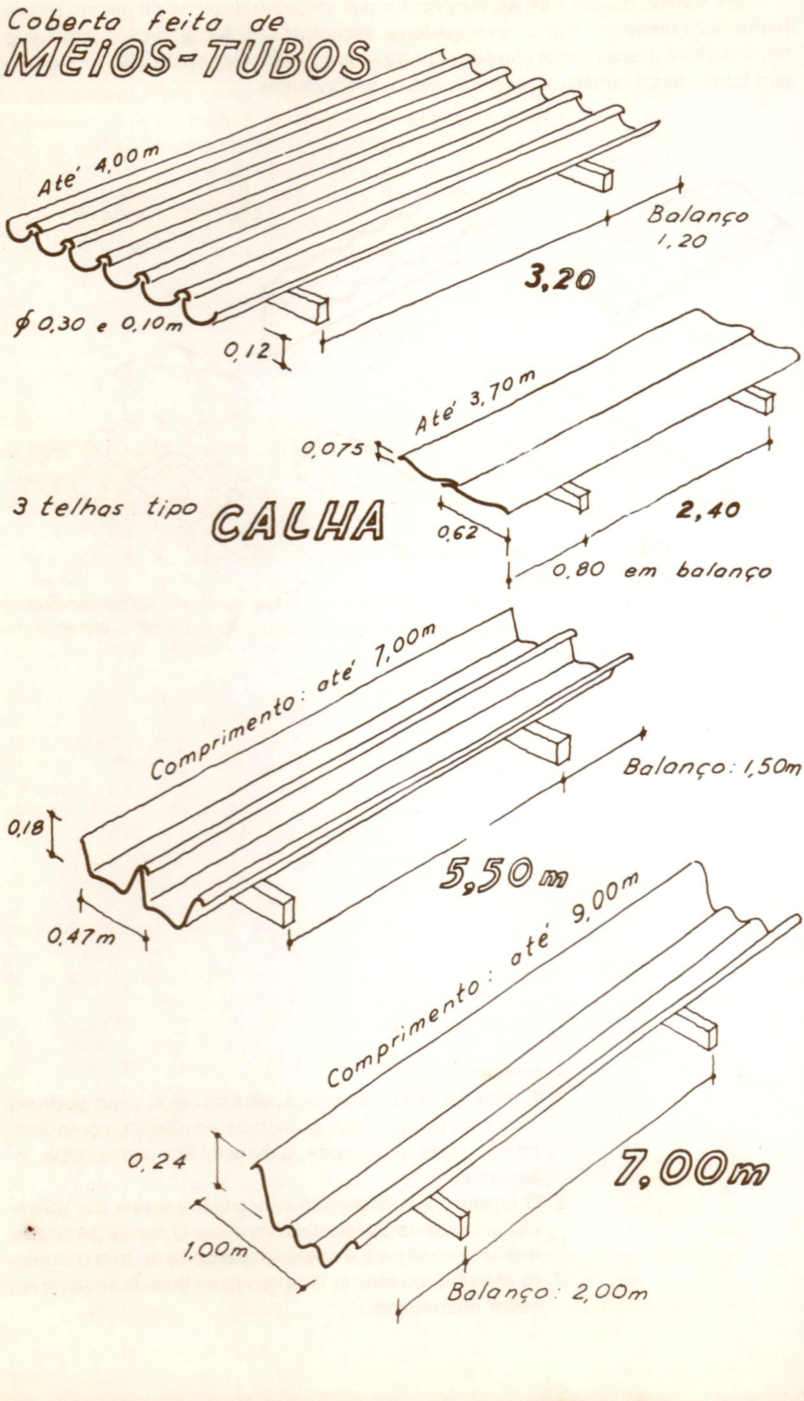
Coberta feita de
MEIOS-TUBOS
Até 4,00 m
Balanço 1,20
3,20
φ 0,30 e 0,10 m
0,12
Até 3,70 m
0,075
3 telhas tipo CALHA
0,62
2,40
0,80 em balanço
Comprimento: até 7,00 m
Balanço: 1,50 m
0,18
5,50 m
0,47 m
Comprimento: até 9,00 m
0,24
7,00 m
1,00 m
Balanço: 2,00 m

PLÁSTICOS

O progresso da indústria química levou à introdução dos plásticos na cobertura. Os mais usados são:

1. P.V.C. — Em telhas de perfil ondulado ou trapezoidal como as de cimento-amianto e alumínio (ver, respectivamente, nas pp. 72 e 71). São telhas leves, de material translúcido, servindo para iluminação zenital. Exposto ao calor do sol, com o tempo, o P.V.C. descora e deforma-se. Tem, ainda, o defeito de todos os plásticos: a facilidade de acumular o sujo e a poeira.

2. POLIÉSTER — É uma resina que, reforçada com fibras de vidro, resulta em material quase indestrutível. Comumente o material recebe o nome de fibra de vidro ou *fiberglass* e pode ser fabricado sob forma opaca em cores diversas ou translúcido.

Inconvenientes: A perda de cor quando exposto ao sol.
O alto custo.
Não é fabricado industrialmente, embora isso se torne uma vantagem na hora do reparo: o material pode ser trabalhado em qualquer local.

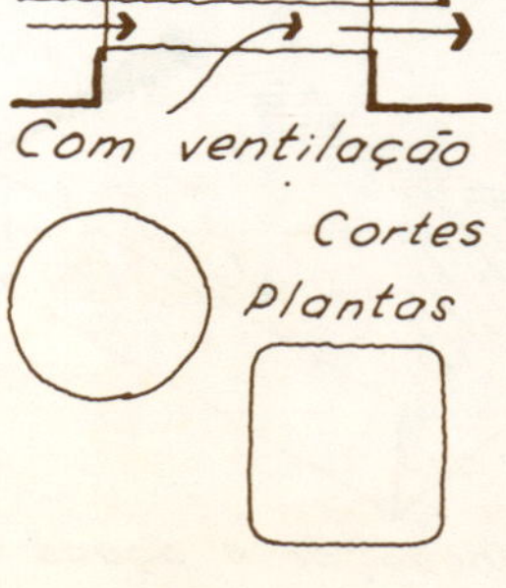

3. ACRÍLICO — É outra resina plástica de uso generalizado, especialmente em domos quadrados ou circulares usados para uma ou mais funções.

Inconvenientes: Exposto ao sol forte, o acrílico, com o tempo, tende a fissurar, embora sem se romper, e a tornar-se opaco. Não tem resistência para vencer grandes vãos.

5 Tipos de Cobertas

Na p. 93 tentaremos fazer uma classificação geral das cobertas. Aqui, passados em revista os principais tipos de telhas, veremos a forma como foram utilizadas.

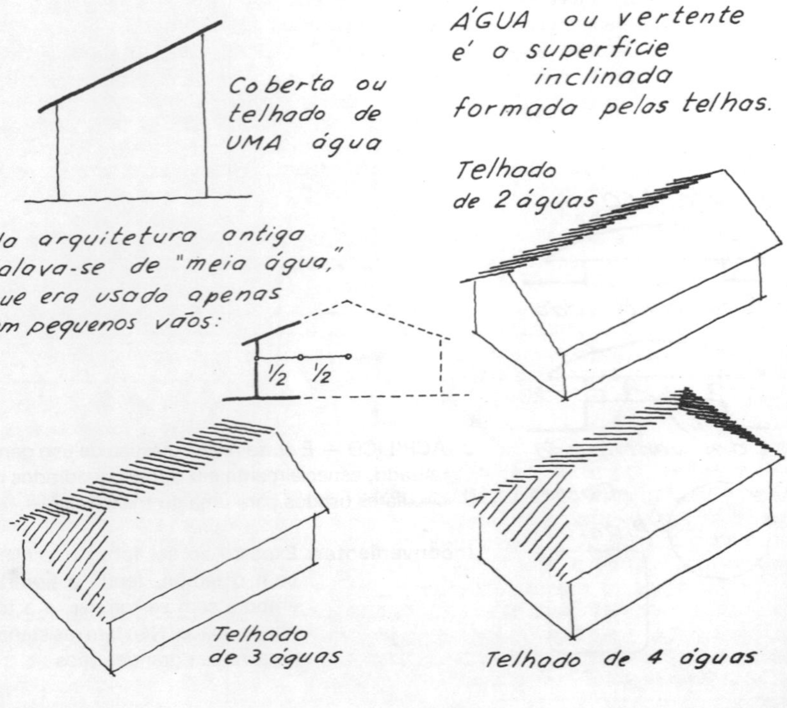

A inclinação do telhado é estudada no Cap. 17, mas vale lembrar que nas regiões onde cai neve o telhado acumula uma carga extra. Um telhado fortemente inclinado facilita o escorregamento da neve; assim:

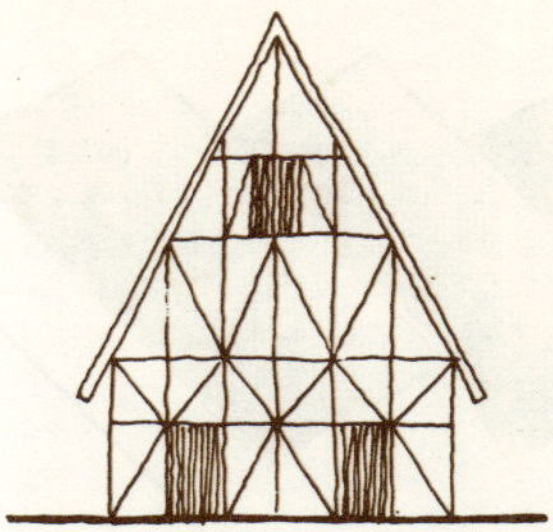

O chalé abaixo é um tipo de construção originário da Suíça e caracterizado por grande quantidade de águas; esteve em grande moda nas décadas de 20 e 30:

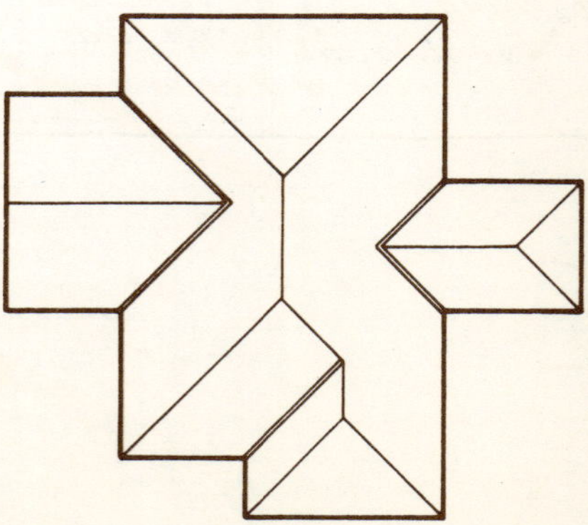

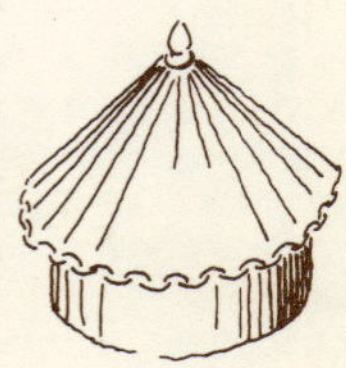

O telhado cônico é pouco usado por exigir telhas especiais.

Há um tipo de telhado adequado para resolver:

o problema dos grandes vãos;

. a ventilação natural;

a iluminação natural.

É o telhado SHED, de grande aplicação no projeto de fábricas.

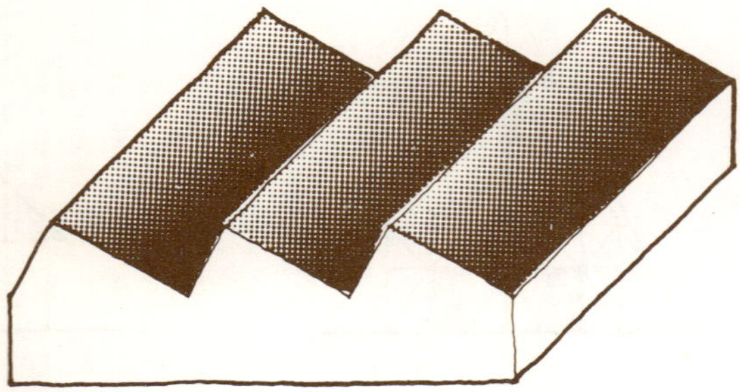

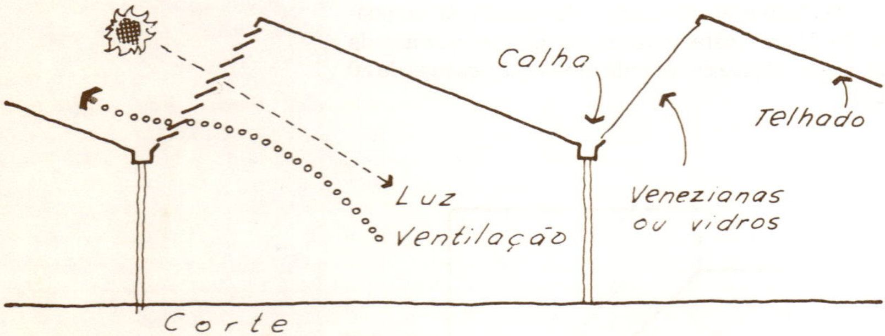

Nem toda coberta é feita com telhas.

ABÓBADAS E CÚPULAS

São cobertas (ou coberturas, é a mesma coisa) construídas sem telhas, embora possam ter um telhado como *proteção* contra chuvas. Vimos (p. 65) a evolução do arco para a abóbada e a interseção das abóbadas. O arquiteto egípcio Hassan Fathy, em seu excelente livro *Construindo com o povo*, destaca a simplicidade da construção de uma abóbada feita de tijolos de adobe (barro não-cozido, apenas secado na sombra e depois no sol):

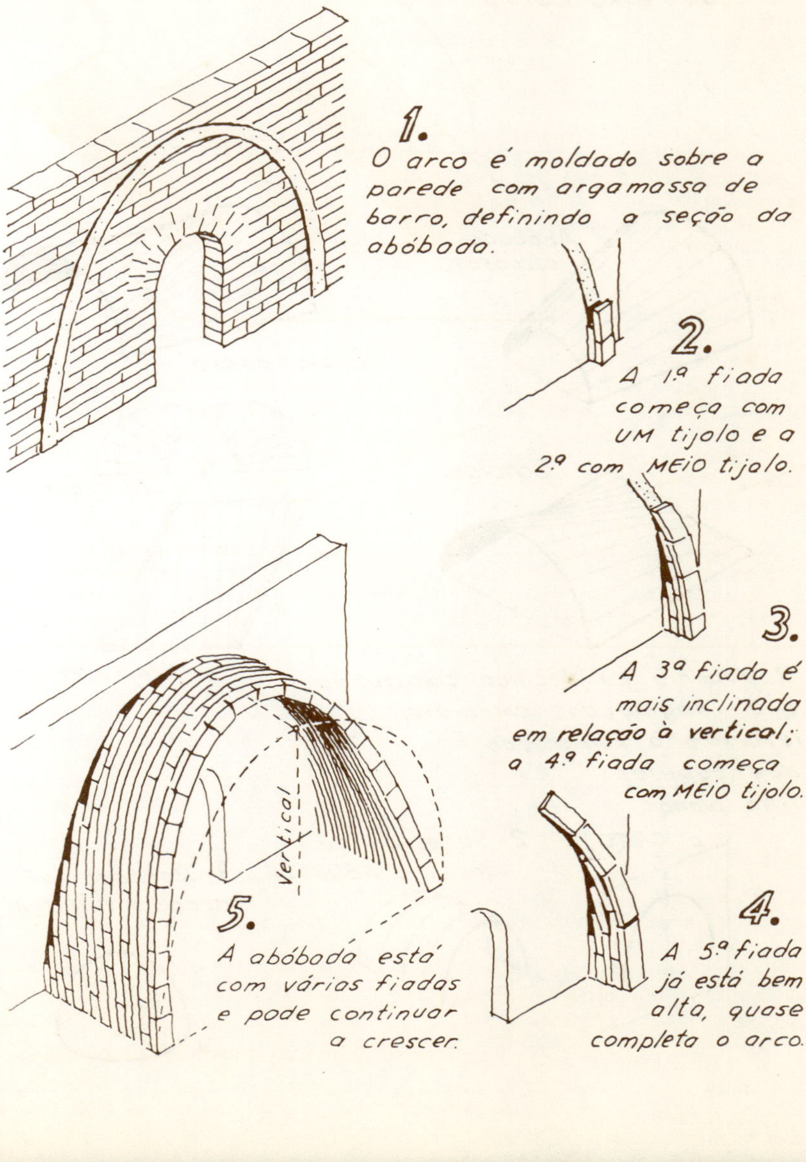

Com certeza os construtores europeus do Renascimento e da Idade Média não usaram o processo do *adobe*, mas dominaram a técnica da pedra ao ponto de fazerem...

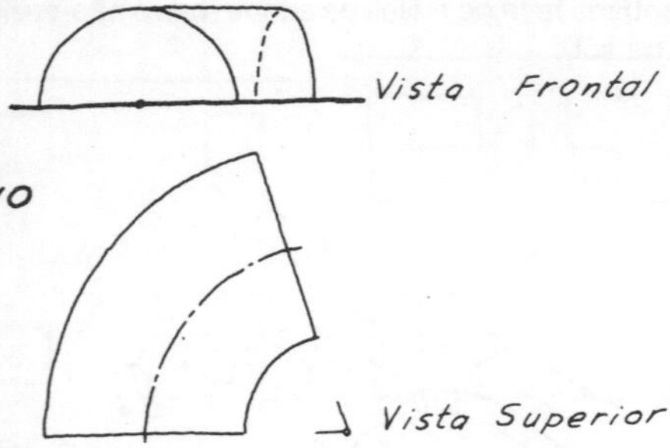

... abóbadas de eixo curvo

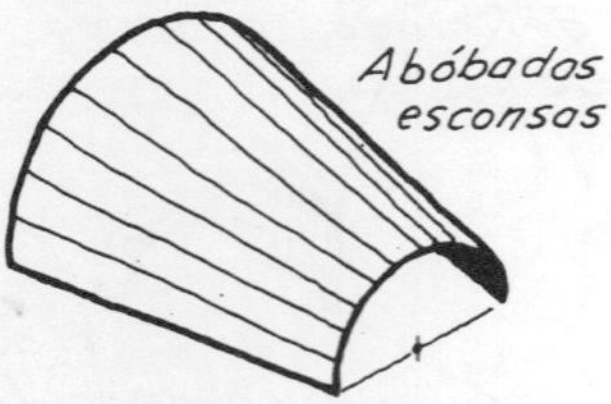

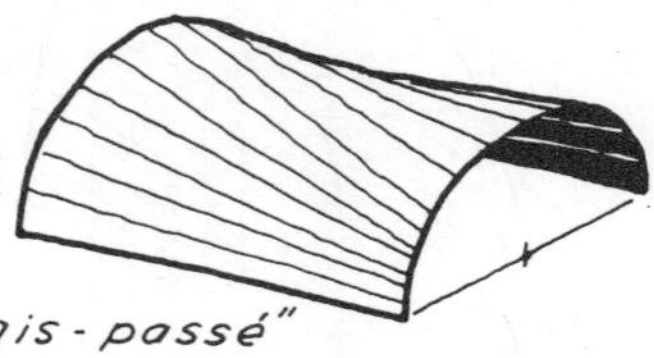

"Biais-passé"

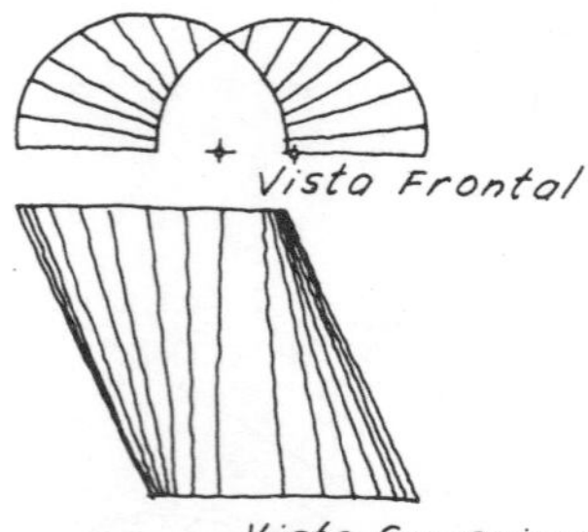

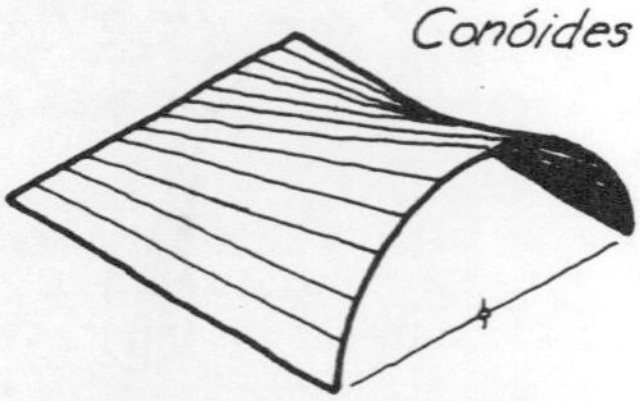

O domínio da técnica construtiva e a imaginação, em breve, levariam à construção das cúpulas:

1• No plano: o ARCO;

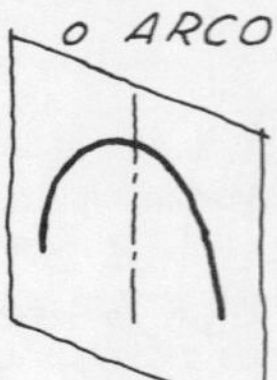

2• Sucessão de arcos: a ABÓBADA;

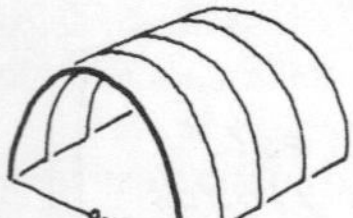

3• Rotação do arco: a CÚPULA.

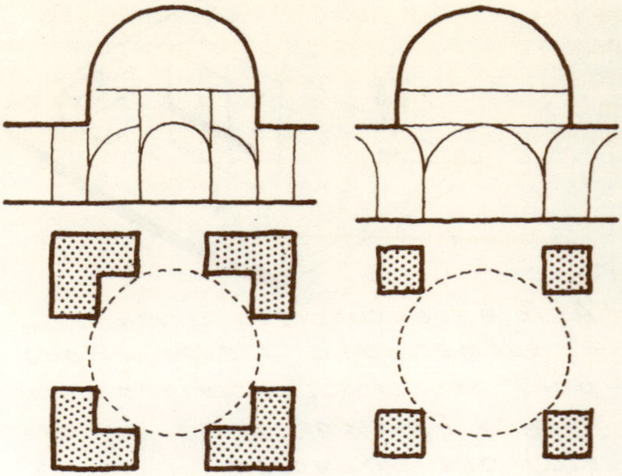

Um dos mais sérios problemas na construção das cúpulas é a transição da base circular da cúpula para a planta quadrada ou octogonal nos apoios.

As soluções foram estas:

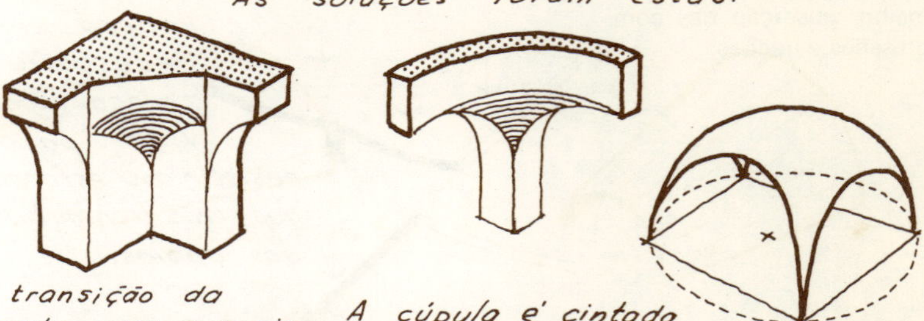

A transição da cúpula para o apoio se faz através de trapézio esférico.

A cúpula é cintada e o esforço se transmite através de triângulos esféricos.

A cúpula desce até o apoio.

A forma do arco dá origem a diferentes tipos de cúpulas:

hemisférica — peraltada — achatada ou em calota — bulbosa

Dependendo do material e do clima, as abóbadas e cúpulas podem receber proteção contra as intempéries: impermeabilização, telhado, pastilhas, lâminas de alumínio fino, etc.

Durante muito tempo abóbadas e cúpulas estiveram em desuso. Até que o aparecimento do concreto armado fez ressurgi-las com novas formas, novo conceito estrutural e novas técnicas construtivas. As cúpulas foram rebatizadas com o nome de CASCAS ou membranas, pelo fato de terem reduzida espessura.

Os processos construtivos usados antes do surgimento do concreto armado eram baseados no comportamento isolado e diferenciado de cada peça: pilar, viga e laje — ou, usando a terminologia da época, coluna, arquitrave e laje (teto).

Nas estruturas de concreto armado esses elementos persistem. Eles trabalham separadamente, isto é, exercem funções distintas, mas se somam uns aos outros graças à homogeneidade do material, que permite melhor absorção das compressões e trações.

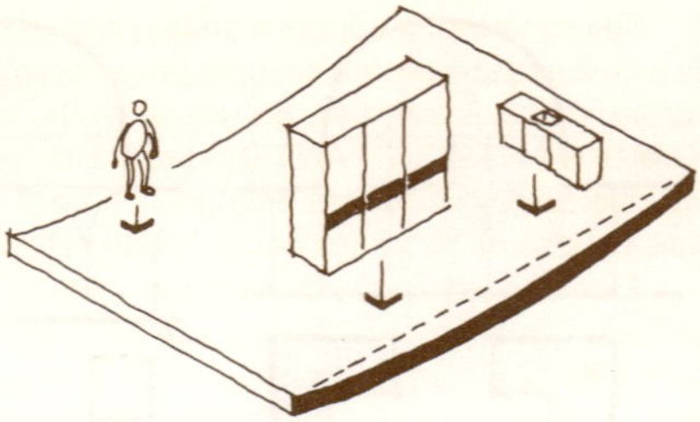

A laje de concreto armado é submetida à flexão criada pelo seu peso próprio e pelas cargas (pessoas, móveis, paredes, etc.) que ela recebe.

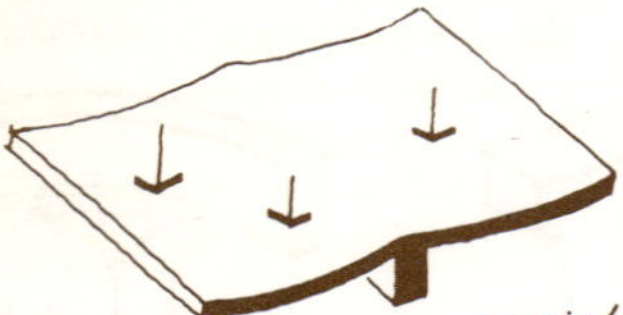

Poderá ser necessário colocar uma viga para resistir aos esforços que serão transmitidos aos apoios.

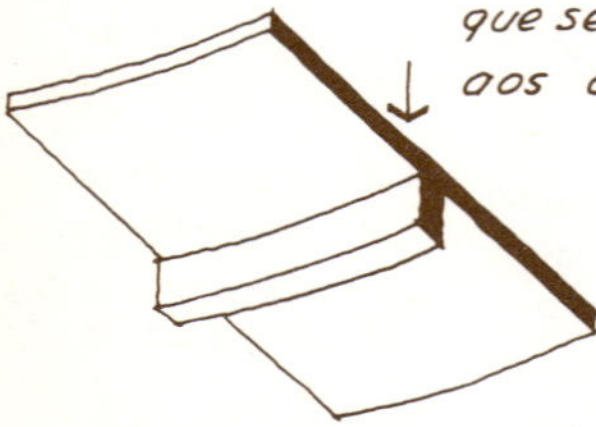

Esta viga é limitada pelo seu peso próprio e por suas dimensões. Então, ela poderá ser **INSUFICIENTE** para as cargas que recebe!

Existem **DUAS** alternativas:

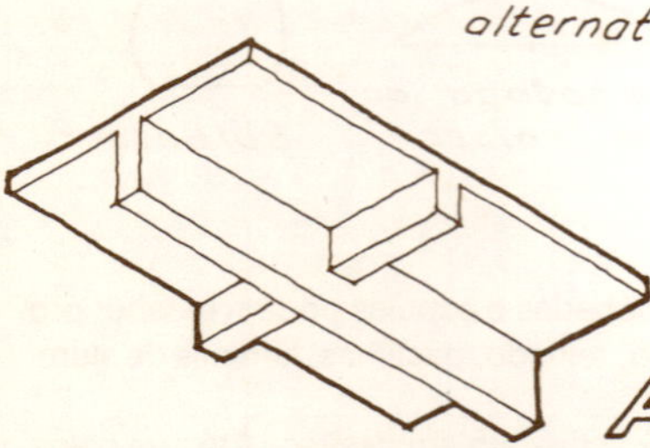

A

Criar uma viga maior e mais resistente para receber a 1ª; ou ...

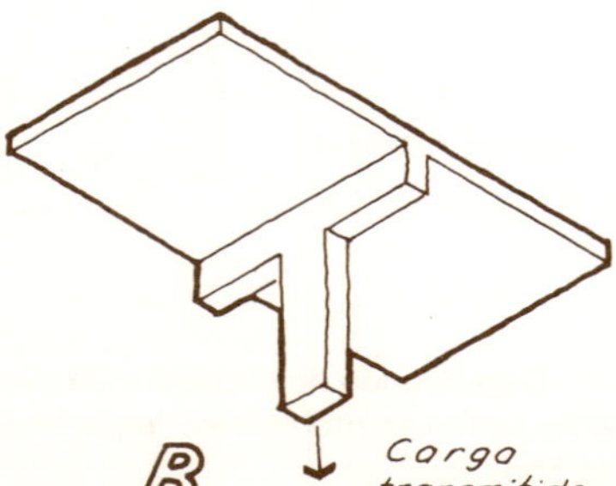

B

Carga transmitida à fundação.

...Criar um pilar para reduzir o vão da viga.

Em concreto, a cúpula é quase uma superfície: sua espessura é muito reduzida; ela é uma estrutura inteiriça, uma peça homogênea e contínua. A forma é a própria estrutura; não existem, nem são necessários, vigas e pilares. Daí receberem o nome de FORMAS AUTOPORTANTES: dispensam vigas de suporte. A distribuição e a absorção das cargas são feitas pela própria peça estrutural, quase uma superfície, e não mais pela soma de várias peças (vigas e lajes).

Esse conceito novo de estrutura pemite soluções em cascas como a do Pavilhão de Raios Cósmicos, no México (vão de 18 m — espessura de 3 cm), e a do Mercado de Balle (vão de 60 cm — espessura de 8,5 cm). Os pioneiros desses estudos foram Max Berg, Freyssinet, Eduardo Torroja, Robert Maillart, Pier Luigi Nervi, Félix Candela, Bauersfeld e outros. As formas mais usadas são: parabolóide hiperbólico, hiperbolóide, conóide, etc.

O desenvolvimento do cálculo estrutural de concreto armado tornou possível o uso de novos processos e novos materiais. A tesoura — viga composta de peças de madeira — pode ser feita também em madeira e ferro, ou em concreto armado e ferro, ou apenas em ferro. A necessidade de cobrir grandes vãos dá origem à treliça espacial.

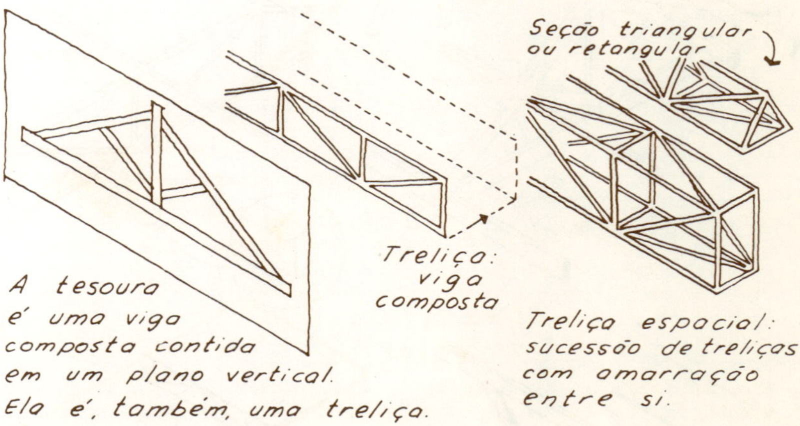

Nos dois primeiros casos existe um risco relativamente alto de que a viga composta (treliça ou tesoura) possa sair do plano vertical, arrastando consigo toda a estrutura da coberta e ameaçando a estabilidade da edificação inteira.

A amarração da tesoura ou treliça elimina esse risco. Essa amarração se faz ora pela ligação das tesouras umas às outras por meio de terças, ora pelo contraventamento (escoramento) do plano vertical da tesoura ou treliça.

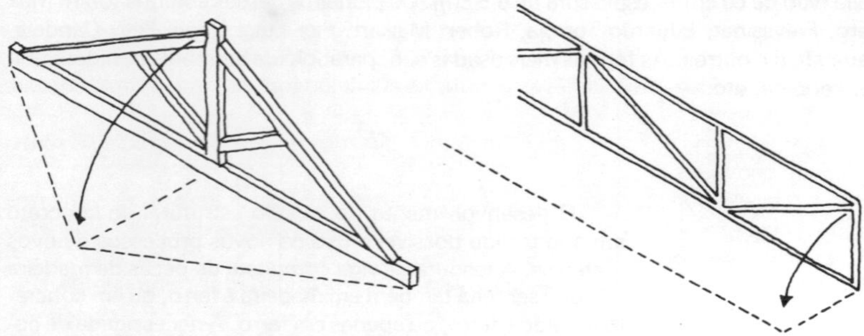

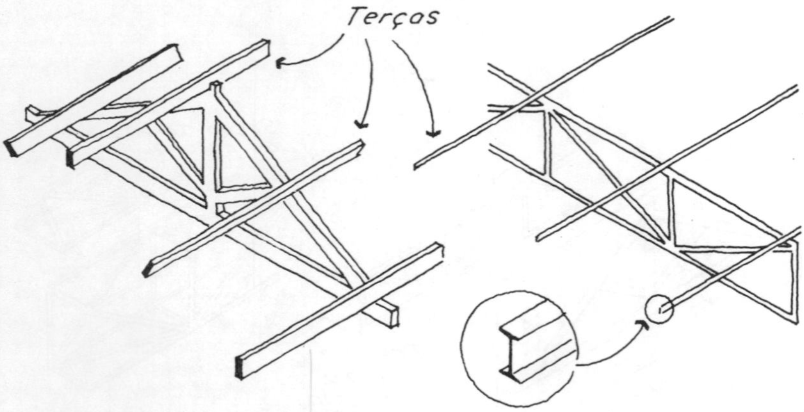

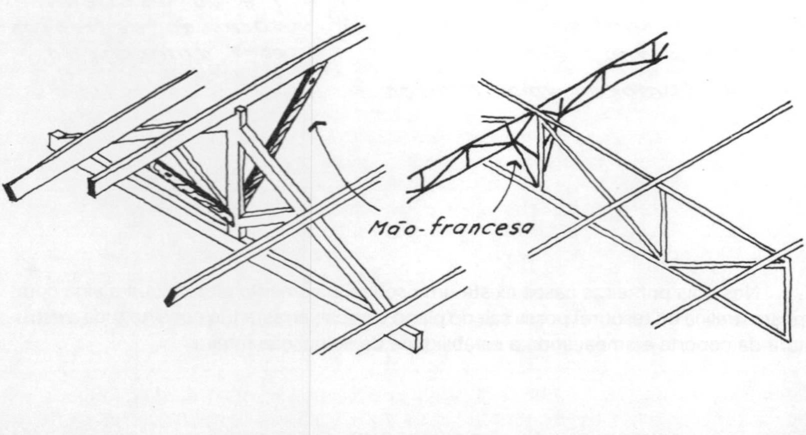

O aperfeiçoamento se faz, portanto, em duas direções:

1. Fabricação da tesoura em metal (perfis de ferro e, mais tarde em alumínio) ou mista, com partes de perfis metálicos, cabos de aço, concreto armado e madeira: não mais de dois desses elementos.
2. Criação da treliça espacial com seção retangular ou triangular, e, daí, às malhas espaciais mais complexas.

A complexidade destas novas estruturas reside num ponto único, mas envolve dois aspectos:

1. A quantidade de nós (junções) é tão grande que torna impraticável o cálculo sem o uso de computadores.
2. A criação e a fabricação industrial de nós capazes de se adaptarem às mais diversas situações: receber desde um até 18 (dezoito) perfis ou barras, e permitir a geração de malhas de triângulos ou de quadrados.

São muitos os tipos de nós comercializados, todos resguardados por patentes:

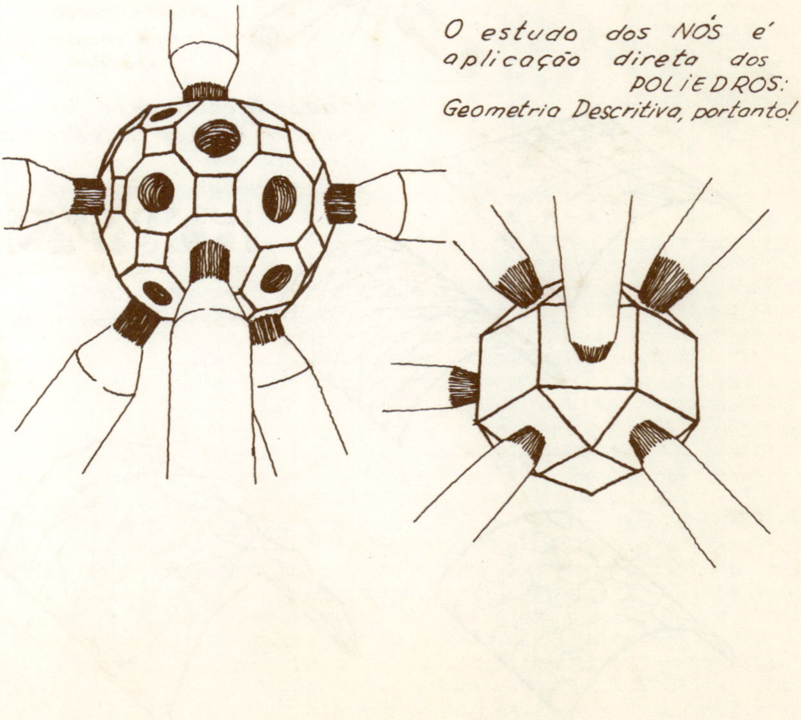

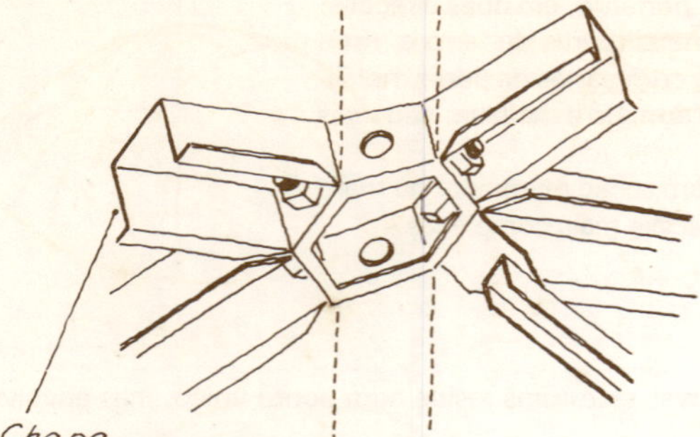

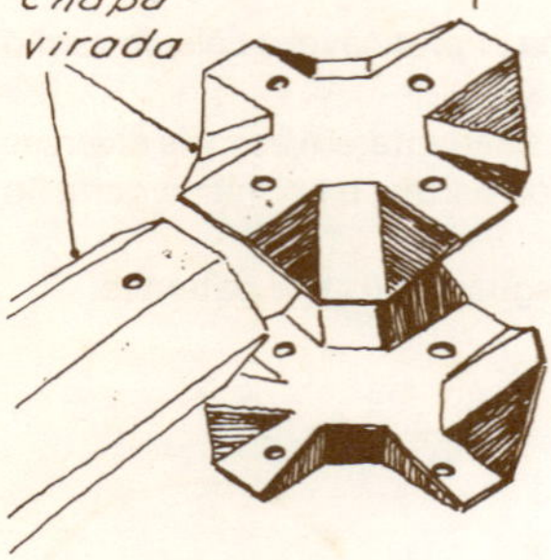

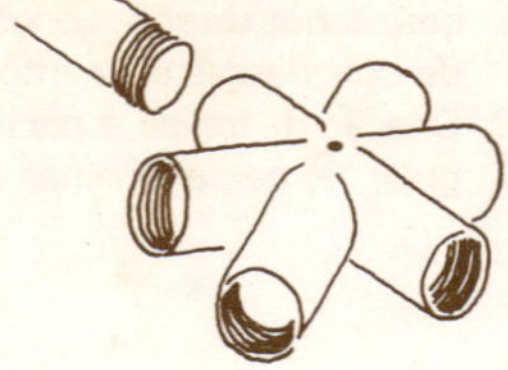

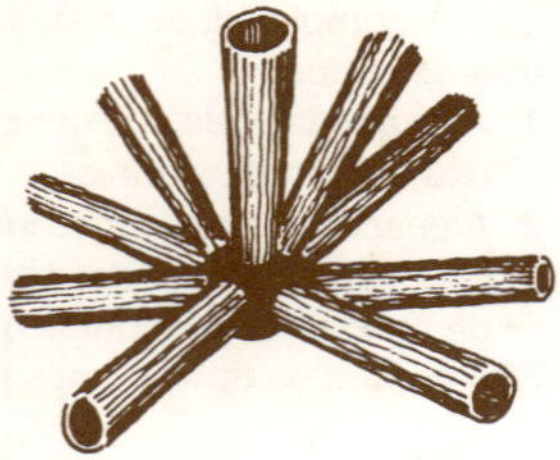

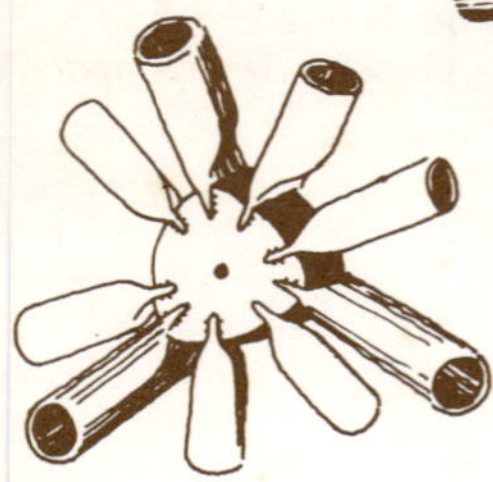

União:
1- Com solda
2- Com rosca
3- Com encaixe + parafuso

Independentemente de qualquer idéia de classificação, portanto, com a intenção única de relacionar, damos as **FORMAS** mais usadas no projeto das malhas espaciais.

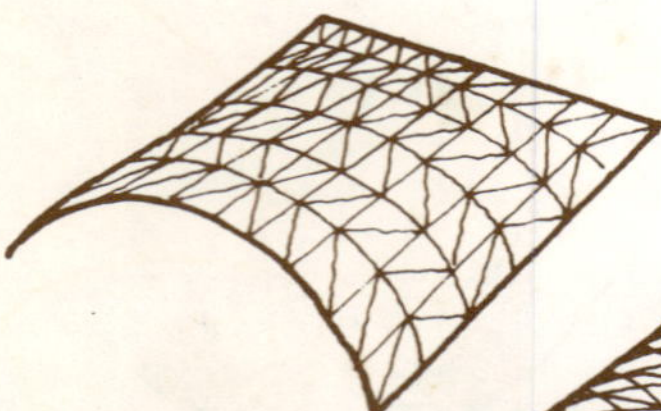

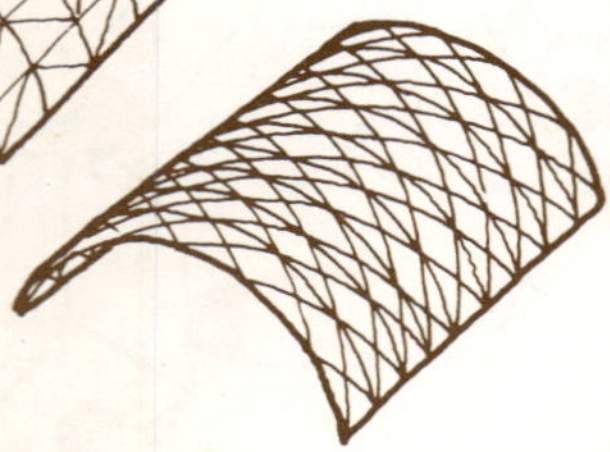

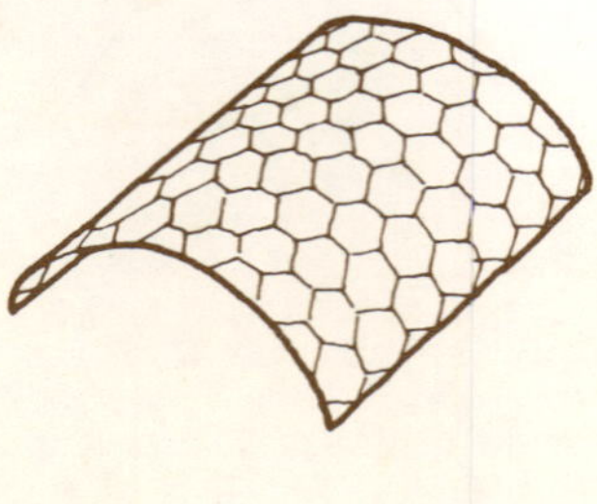

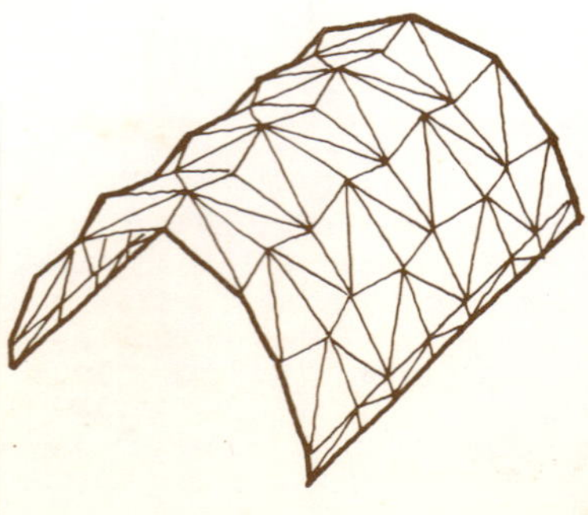

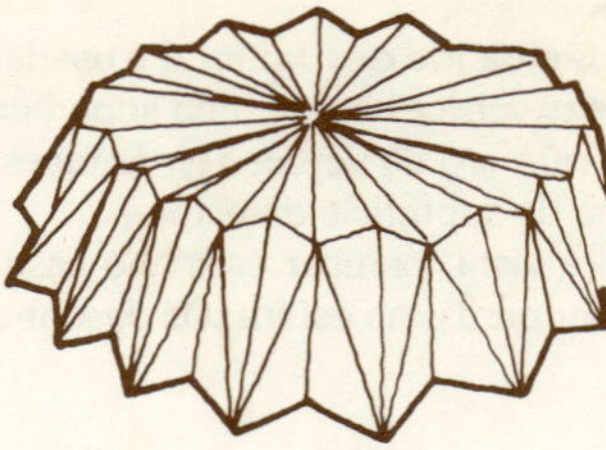

Cúpula laminar

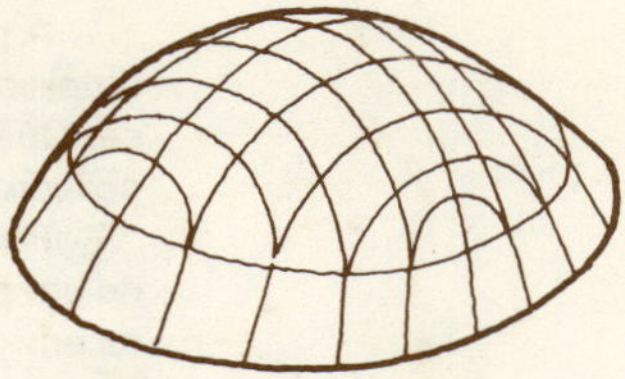

Cúpula reticulada de 2 direções

E' claro que todas estas soluções, como formas geométricas, não são privativas das malhas espaciais.

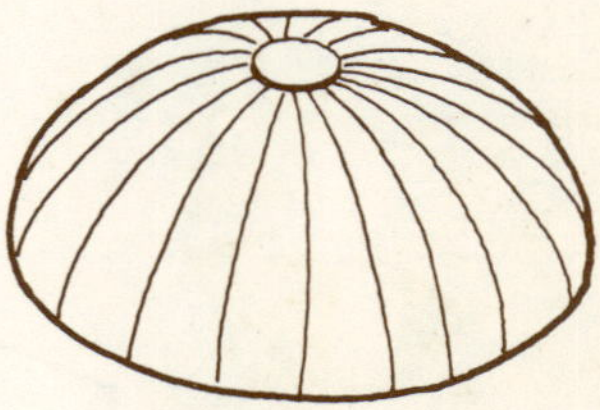

Cúpula nervurada

O Parabolóide Hiperbólico...

...isolado...

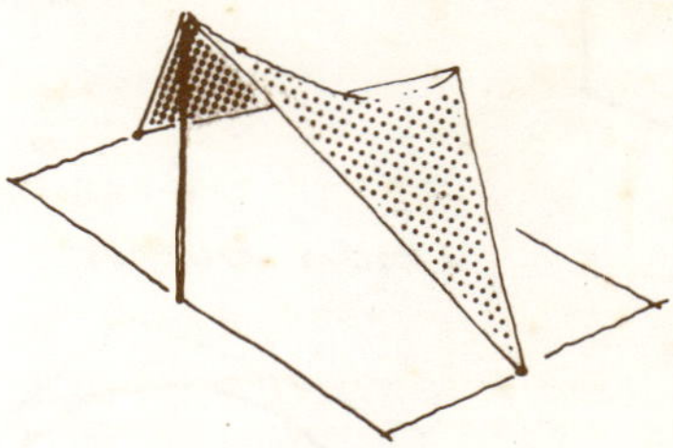

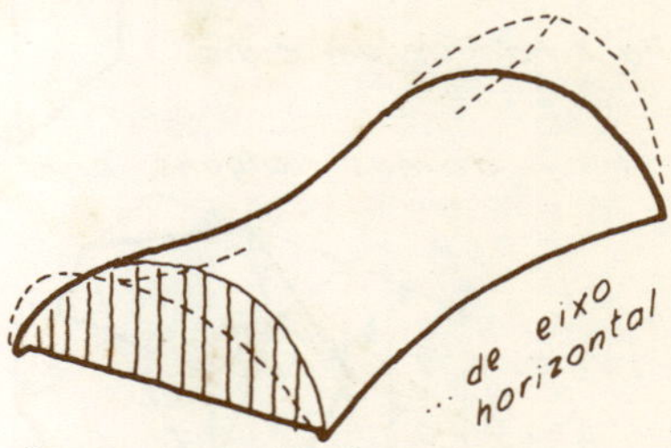

... de eixo horizontal

O Hiperbolóide de Revolução

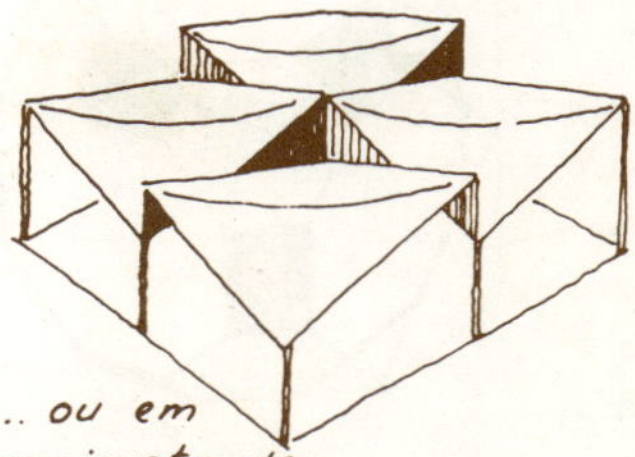

... ou em conjunto de 4 elementos...

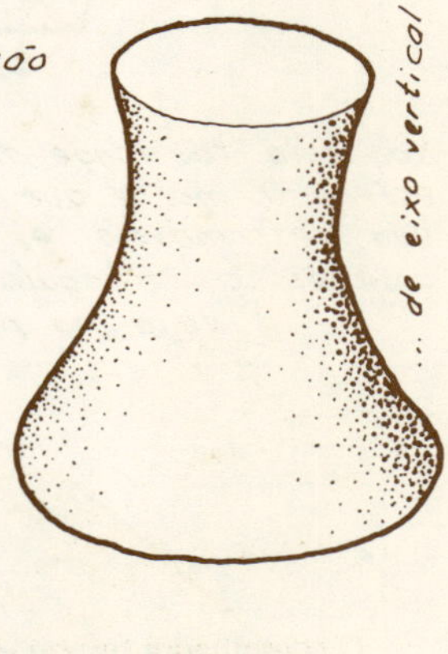

... de eixo vertical

... ou de 6.

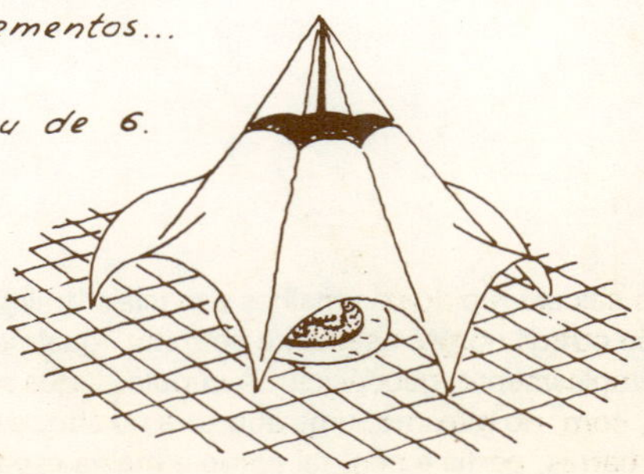

AS GEODÉSICAS

A palavra **geodésica** (de *geo* = terra) é usada quando o poliedro tem os seus vértices sobre uma superfície esférica. Quanto maior o número de vértices (e de faces) mais o poliedro se aproxima da superfície da esfera.

Pode, à primeira vista, parecer estranho essa história de um poliedro tender para uma esfera. Os desenhos esclarecem:

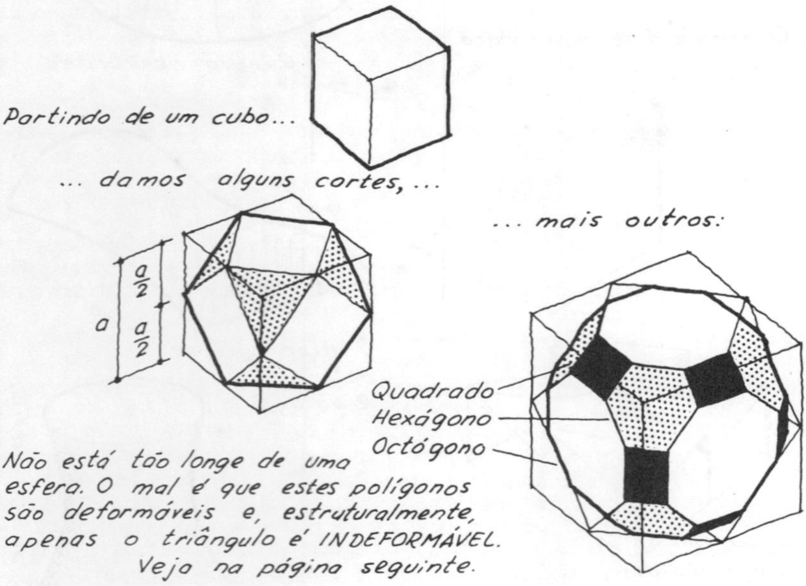

O computador tornou viável o cálculo rápido das malhas espaciais (treliças, estruturas ou reticulados espaciais são outros nomes usados) e permitiu, igualmente, o cálculo da cúpula geodésica (ou, simplesmente, geodésica). A cúpula — que sempre fora construída espessa e fechada, com, no máximo, uma abertura no alto, o lanternim — pode, agora, ser feita com barras, perfis e nós, tal como a malha espacial. É uma estrutura tubular vasada que recebe uma cobertura; em alguns casos essa cobertura trabalha, isto é, pertence, integra a própria estrutura.

Voltando aos poliedros e esferas: se partirmos do ICOSAEDRO...

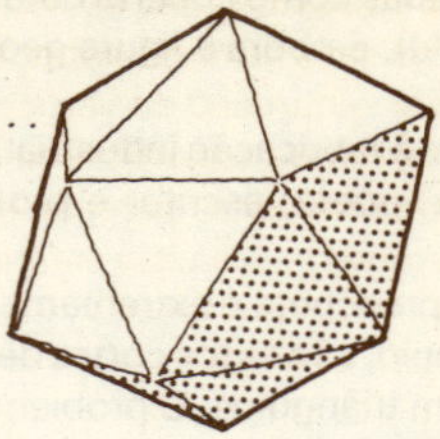

... e dermos cortes...

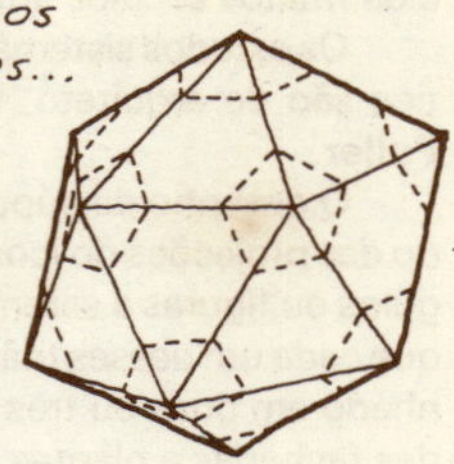

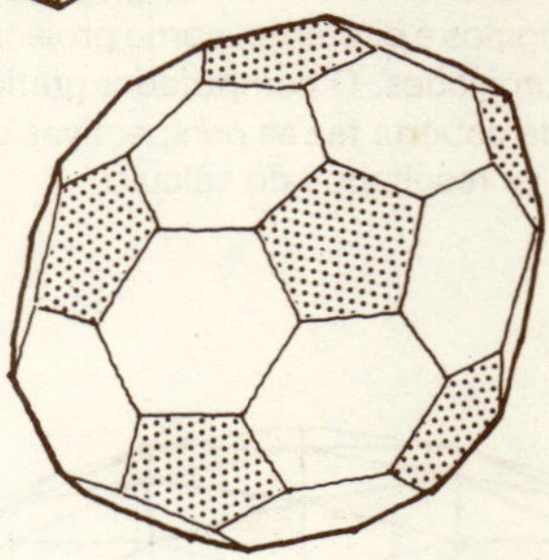

... chegaremos mais próximo da esfera

Na cúpula abaixo podemos perceber PENTÁGONOS, formados por triângulos. Cada pentágono é a base de uma PIRÂMIDE de pouca altura, uma vez que o pentágono é uma figura deformável.

Pentágono	Vértice
1-2-3-4-5	V
A-B-C-D-E	M
G-D-H-J-L	P
R-S-T-B-X	Y

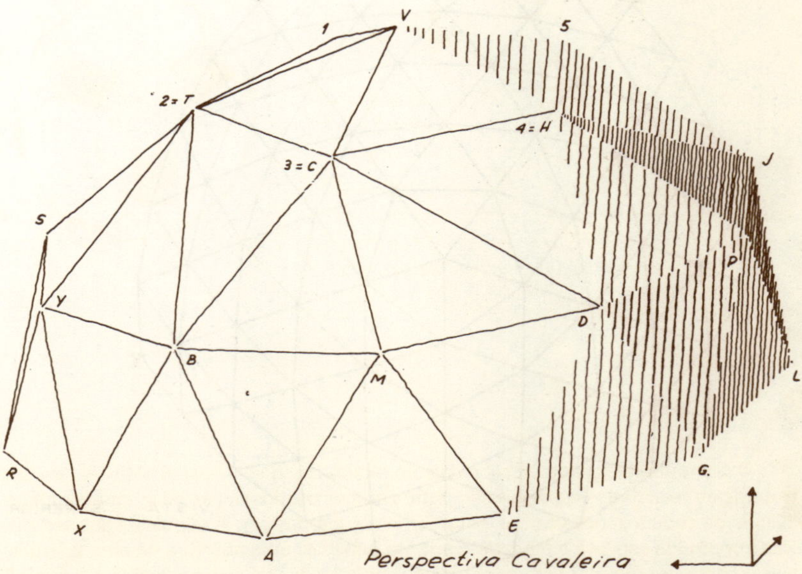

Perspectiva Cavaleira

HISTÓRICO

As primeiras cúpulas geodésicas usadas como coberta datam de 1922 (Planetário de Iena, Áustria, calculado por Bauersfeld), embora a figura geométrica fosse conhecida muitos séculos antes.

Os estudos sistemáticos que levaram à fabricação industrial e ao cálculo matemático são do arquiteto, filósofo, inventor, poeta, escritor e professor **Buckminster Fuller**.

O desenho da cúpula geodésica na prancheta é extremamente laborioso. Partindo das projeções do icosaedro, por exemplo, são feitos cortes de modo a formar triângulos ou figuras a serem decompostas em triângulos. O problema da representação é que cada um desses triângulos é diferente, como projeção, do vizinho e deve ser desenhado em duas ou três projeções. O computador gráfico faz isso rapidamente: além das fachadas e plantas de coberta faz as perspectivas de exteriores e de interiores, e fornece, paralelamente, os resultados do cálculo.

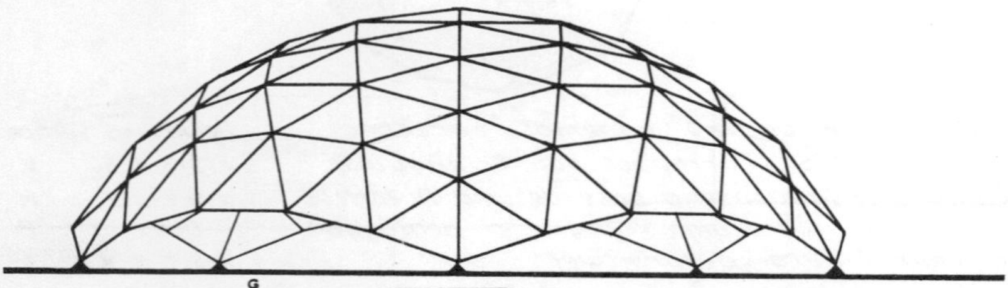

VISTA FRONTAL

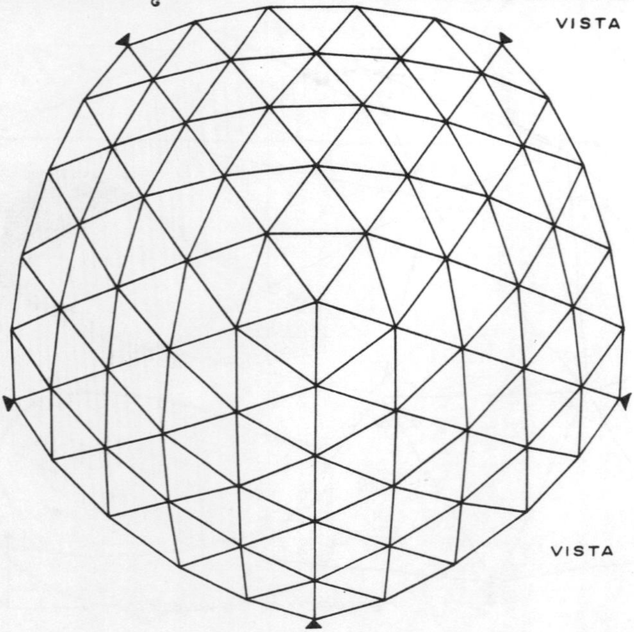

VISTA SUPERIOR

COBERTAS SUSPENSAS

Com muito de imaginação e cálculos, mais um laboratório bem equipado, o arquiteto alemão Frei Otto desenvolveu o estudo das coberturas pênseis (realmente, o nome não soa bem!). Existem poucos especialistas neste ramo, pois a experiência é um fator relevante e o calculista deverá ter, necessariamente, o apoio do fabricante da malha (tecido especial de náilon). Como esse tecido não é o de fabricação normal, a indústria somente o produzirá para grandes superfícies. O problema é que as tensões a que o tecido é submetido são medidas em laboratório, e a indústria deverá fabricar o tecido capaz de resistir a essas tensões; naturalmente haverá casos em que tais esforços sejam incompatíveis com o material e o projeto deverá ser revisado e adaptado.

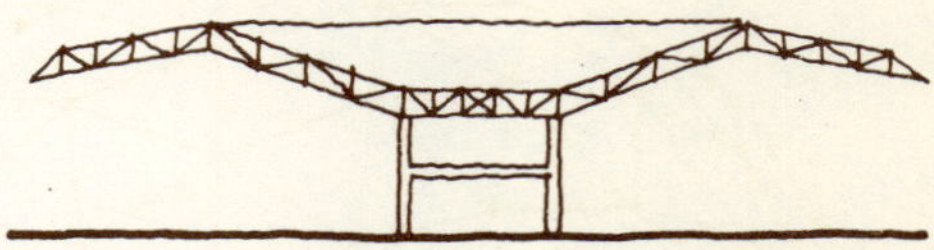
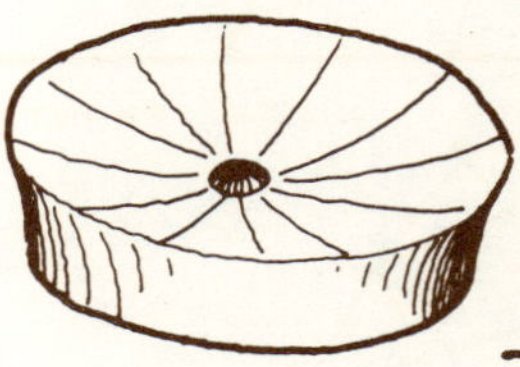

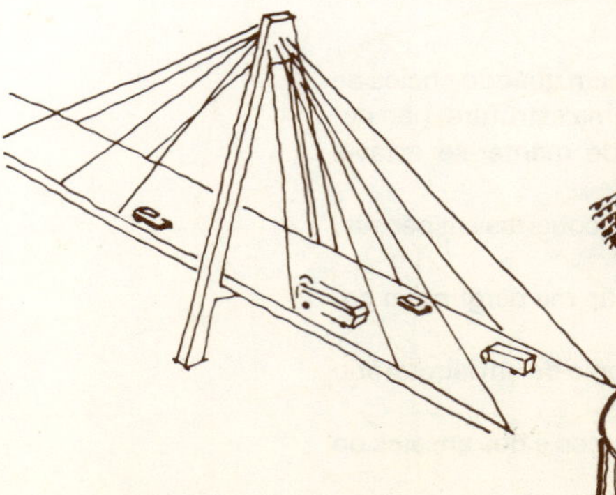
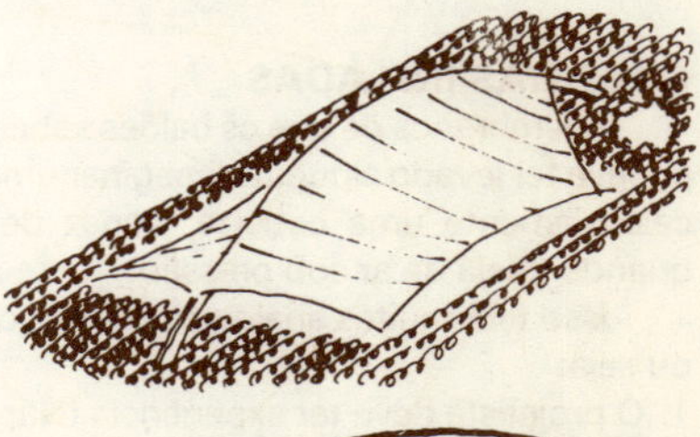
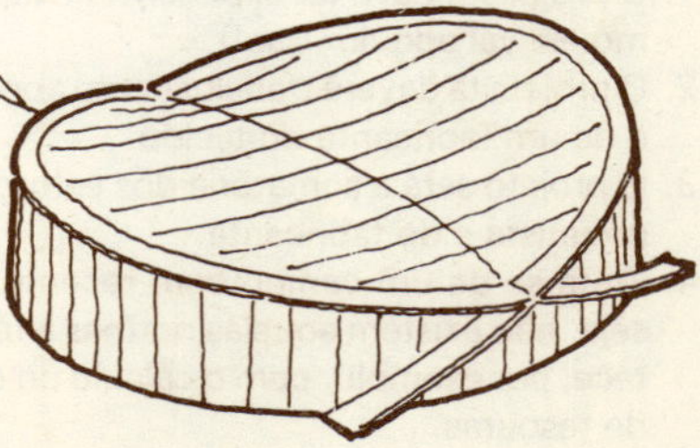

COBERTAS INFLADAS

A lembrança de que os balões sobem quando cheios de ar deve ter levado alguém a imaginar uma estrutura, não necessariamente uma coberta, capaz de manter-se estável quando cheia de ar sob pressão.

Isso tem muitas analogias com as cobertas suspensas, ou seja:

1. O projetista deve ter experiência (Não me perguntem como ele vai adquirir isso!)
2. O projetista deverá trabalhar com apoio de um laboratório e de um fabricante do tecido.
3. O projeto será a somatória dos esforços e dos ensaios do projetista e do fabricante.
4. Trata-se de um campo bem recente e experimental, ou seja, não existem aquelas normas e fórmulas como acontece, por exemplo, com o cálculo do concreto armado ou de tesouras.

Concluída essa visão geral dos tipos de cobertas, pode-se esquematizá-los em dois grandes grupos, tentando uma **classificação didática**:

1. Coberturas que têm uma estrutura de apoio formada por um ou mais dos seguintes elementos:
   paredes ou pilares
   treliça ou tesoura
   malha espacial
   - Lajes
     - Horizontais
     - Inclinadas
   - Telhados
     - de barro cozido
     - de metal
     - de vidros
     - de cimento-amianto
     - de plástico
     - de resina
2. Coberturas autoportantes: não se pode separar a estrutura e a coberta propriamente dita
   - Abóbadas
   - Cúpulas de revolução
   - Cúpulas geodésicas*
   - Cascas
   - Cobertas suspensas
   - Cobertas infladas
   - Malhas espaciais*

* Em alguns casos podem receber telhas, passando, então, para o grupo anterior.

16 Vocabulário do telhado

Antes de estudar a tecnologia do telhado, é bom conhecer uma série de termos técnicos. Alguns deles já foram empregados anteriormente, entretanto, são repetidos aqui, dentro de uma seqüência geral.

ÁGUA ou VERTENTE - Superfície inclinada de uma coberta ou de um telhado (p. 76).

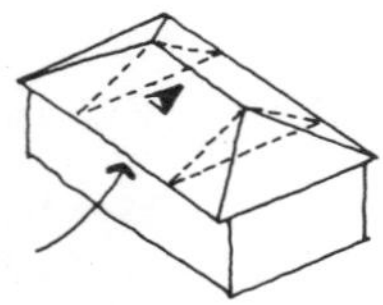

ÁGUA-FURTADA ou SÓTÃO - Espaço entre duas tesouras de telhado, em geral usado para depósito e tendo acesso próprio.

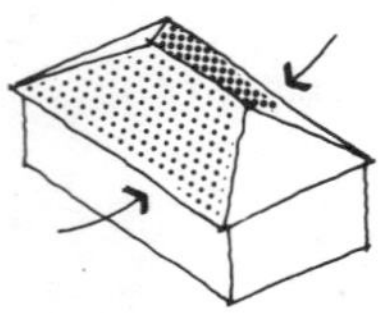

ÁGUAS-MESTRAS - As partes maiores de um telhado.

ALGEROZ ou CONDUTOR - Tubo de descida de águas pluviais, em geral embutido na parede. Obs.: Esse termo tem sido usado com incrível variedade de significados, quase sempre erradamente.

ASNA ou PERNA - Peça da tesoura (p. 97-108).

BEIRAL - Parte saliente da coberta para proteger a parede das águas.

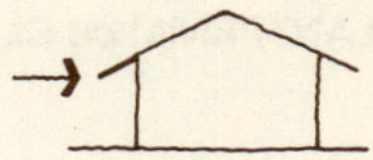

BUZINOTE - Cano colocado na parte mais baixa de balcão ou terraço para lançar as águas pluviais (p. 99).

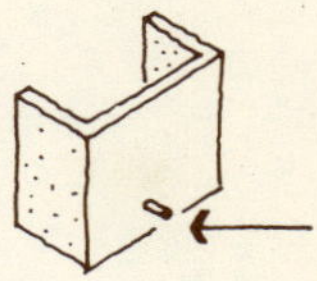

CAIBRO - Peça do madeiramento do telhado que é apoiada nas terças e sustenta as ripas (p. 102).

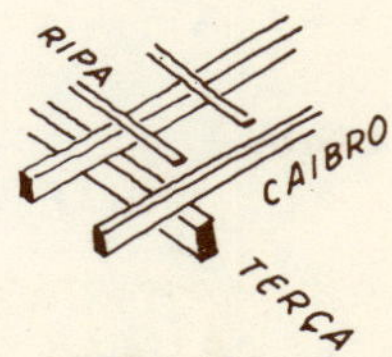

CALHA - Canal para escoar as águas de chuva (p. 100).

CAPOTE - Fechamento da cumeeira com telha ou chapa metálica em ângulo (p. 104).

CUMEEIRA - 1. A terça mais elevada.
2. Encontro de duas águas de telhado em sua parte mais elevada (pp. 97-104-110).

EMPENA - Porção de parede em forma de triângulo e acima do pé direito. Por extensão: parede lateral.

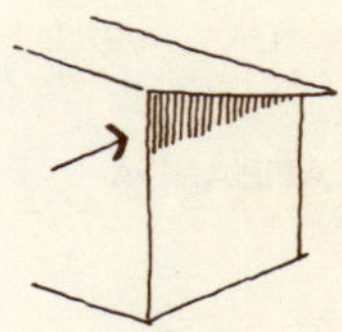

ENSAMBLADURA - Recorte em peça de madeira que encaixa em outra (pp. 109 a 111).

ESCORA - Peça da tesoura (pp. 97-110).

ESPIGÃO ou TACANIÇA - Aresta inclinada formada por duas águas de telhado que formam ângulo voltado para baixo (p. 104).

FLECHA
1. Altura da tesoura (pp. 97-103).
2. Deformação de laje ou de viga. Sela.
3. Porção do raio entre a corda e o arco.

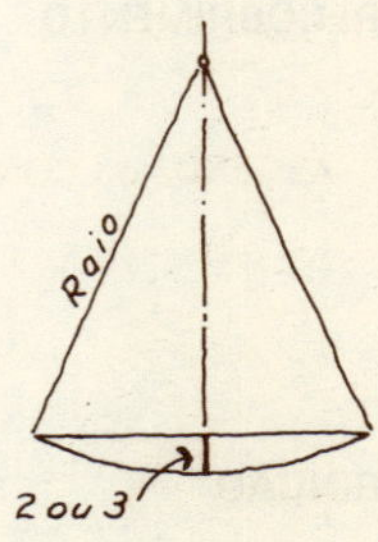

FRECHAL - Peça de tesoura do telhado (pp. 97-111).

LANTERNIM ou CLARABÓIA - Cilindro ou prisma encimando cúpula e tendo abertura para iluminação. O termo é hoje usado no sentido de apêndice sobre uma coberta para iluminar, para ventilar, ou para ambas as coisas. O mesmo que domo (pp. 73-75).

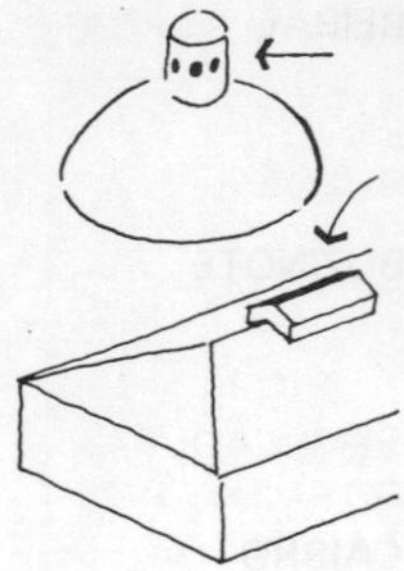

LINHA - Peça de tesoura. O mesmo que tirante ou tensor (pp. 97-111).

MÃO-FRANCESA - Mão-de-força ou escora: peça oblíqua para reduzir o balanço de uma outra.

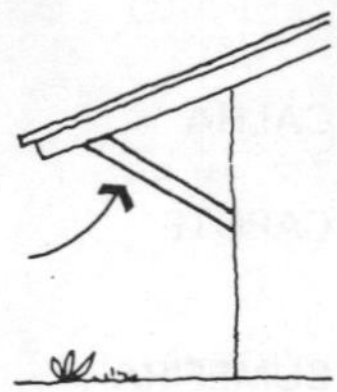

PENDURAL - Peça de tesoura de telhado (pp. 97-110).

PERNA ou ASNA - Peça da tesoura (pp. 97-110).

PLATIBÀNDA - Parede baixa feita acima do pé direito com a função de ocultar o telhado.

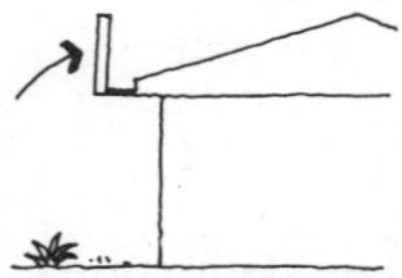

PONTALETE ou ESCORA - Peça vertical que serve de apoio a outra horizontal.

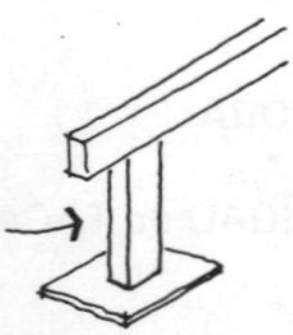

RECOBRIMENTO - 1. Entre telhas: superposição de parte da telha sobre a inferior (pp. 103-104-105).
- 2. Entre o telhado e a parede: peça engastada na alvenaria. O mesmo que "rufo de parede".

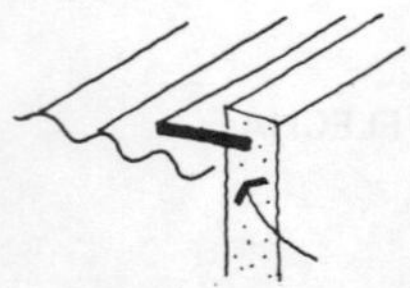

RINCÃO - Ângulo reentrante, voltado para o alto, no encontro de duas águas e onde se põe uma calha inclinada (p. 102).

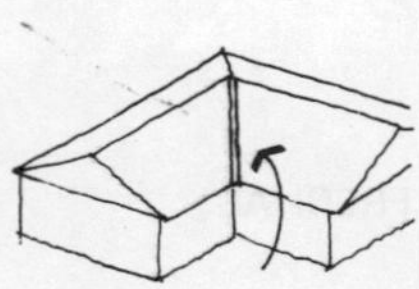

RIPA ou SARRAFO - Peça onde as telhas se apóiam (pp. 102-105-108).

RUFO - Chapa metálica virada (dobrada) ou peça em ângulo para evitar infiltração d'água entre o telhado e a parede (p. 73).

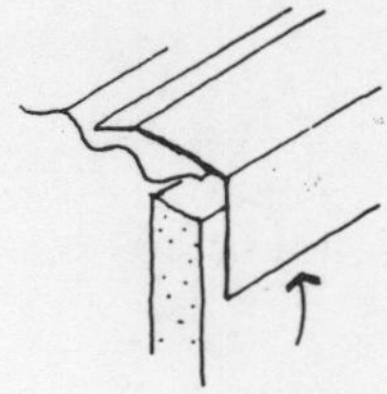

SEMBLADURA - Ver *ensambladura*.

SÓTÃO - Ver *água-furtada*.

TACANIÇA - Ver *espigão*.

TELHA-VÃ - Telhado sem forro.

TERRAÇO - Cobertura horizontal de uma construção. Galeria descoberta.

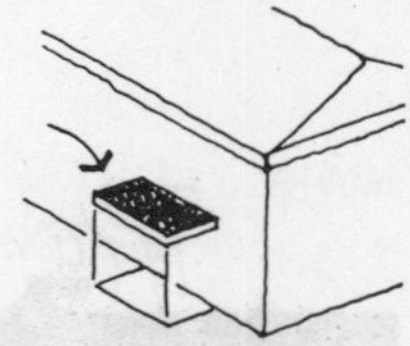

TERÇA - Peça da estrutura da coberta que serve apoio aos caibros (Nºs 1-2-3 ao lado) (pp. 108-110-111).

TESOURA DE TELHADO - Viga composta formada por várias peças. O mesmo que treliça (pp. 108 a 111).

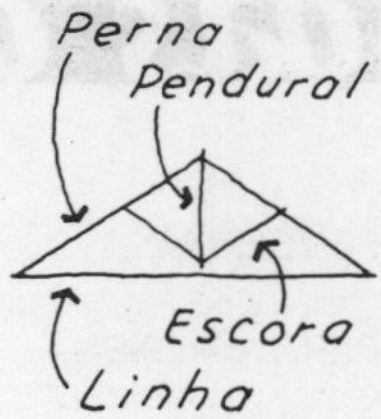

TIRANTE - Peça submetida a esforço de tração (p. 68). Ver *linha*.

VÃO - Abertura numa parede.

VÃO LIVRE - Distância entre os apoios.

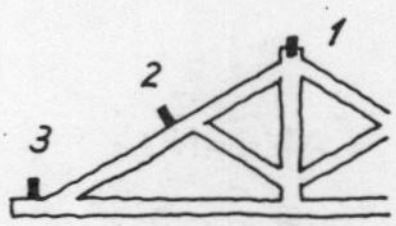

VERTENTE - Ver *água*.

17 Tecnologia das cobertas

Cobertas horizontais ou terraços são também chamadas cobertas planas (no sentido de *plano* e *horizontal*). Quando feitas em concreto armado, são, quase sempre, fonte de dor de cabeça para os construtores, pois pequenos defeitos de construção vão dar origem a dois problemas de difícil solução:

— infiltração de águas pluviais;
— fissuras ou trincas.

Os defeitos mais comuns são:

a) falta de adensamento ou de vibração do concreto deixando formar vazios;
b) dosagem fraca da mistura cimento-areia;
c) a laje pré-moldada não tem a homogeneidade do concreto armado moldado no local. Por efeito do trabalho da estrutura ou por dilatação térmica surgem fissuras mínimas;
d) a falta de continuidade do material impermeabilizante (mantas ou pinturas, defeitos de fabricação ou de colocação, emendas mal executadas, ou...
e) juntas de dilatação mal vedadas;
f) infiltração entre peças do piso (cerâmica, pedra, ladrilho, etc.) ou entre o piso e o rodapé;
g) infiltração do chumbamento de peças como grades, caixas de passagem, ralos de piso ou similares;
h) danos causados à camada de impermeabilização por raízes de plantas (o que não é tão raro) ou por instrumento de trabalho.

A correção posterior de tais defeitos é extremamente difícil e cara, e na maioria das vezes deixa a desejar. O maior problema consiste em localizar o ponto de origem da infiltração, pois o vazamento pode aparecer a muitos metros de distância da origem ou muito tempo depois de concluída a construção.

TIPOS PRINCIPAIS DE IMPERMEABILIZAÇÃO:

PINTURAS — à base de produtos químicos (resinas, epóxi, plásticos, etc.) ou à base de asfalto ou piche (quente ou frio).

MANTAS — de plástico, de fibra de vidro, de piche, de metal fino (alumínio), de fibras ou de misturas desses materiais. Em geral necessitam de uma camada de proteção (cimentado ou outro material) para evitar que as camadas da manta se rasguem por atrito ou ressequem sob a ação do sol e dos ventos.

Um jardim sobre uma coberta plana é um bom aliado da impermeabilização eficiente, pois evita as grandes variações térmicas sobre a laje e, conseqüentemente, reduz os efeitos da dilatação.

As coberturas horizontais devem ser feitas com desnível de 1 a 1,5% na face superior, de modo a escoar as águas de chuva, como mostram as setas. As águas são coletadas em um pequeno dreno ou valeta e escoam através de ralos de piso ou de buzinotes.

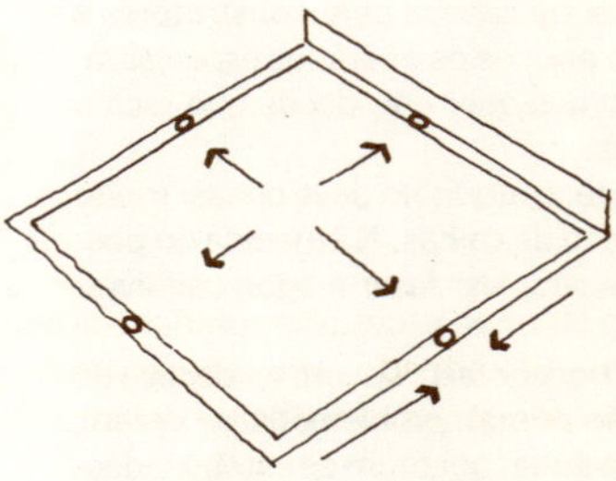

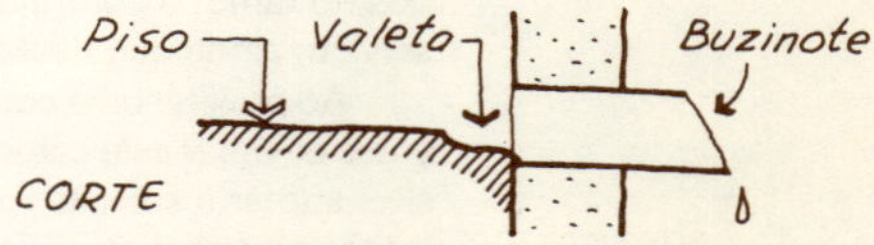

É comum encontrar o buzinote colocado como o da figura A, que não funciona bem, pois a colocação correta é mostrada em B. Para um mesmo nível ou altura **h** de água, a vazão em B é maior do que em A; portanto, a água escoa mais rapidamente.

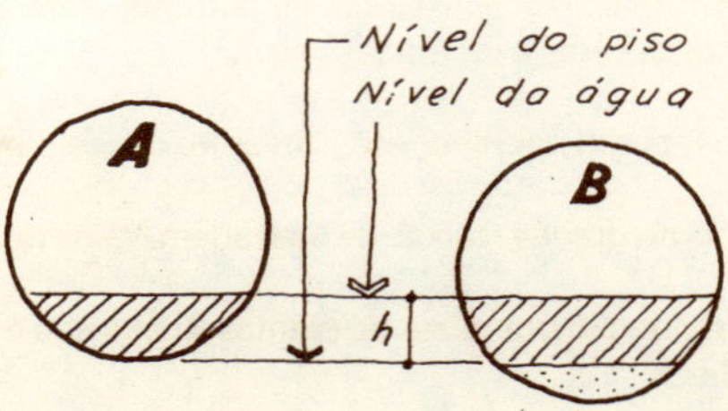

A figura mostra um defeito muito comum no assentamento de ralos de piso: o vazio (indicado pelas setas) por onde se infiltra a água. O mesmo defeito pode aparecer nos chumbadores colocados em pisos e em paredes.

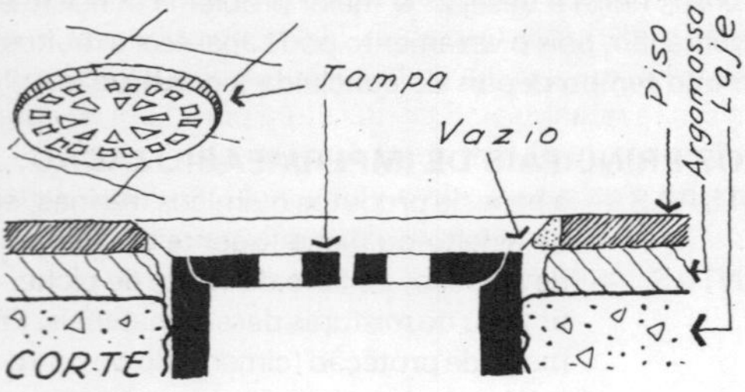

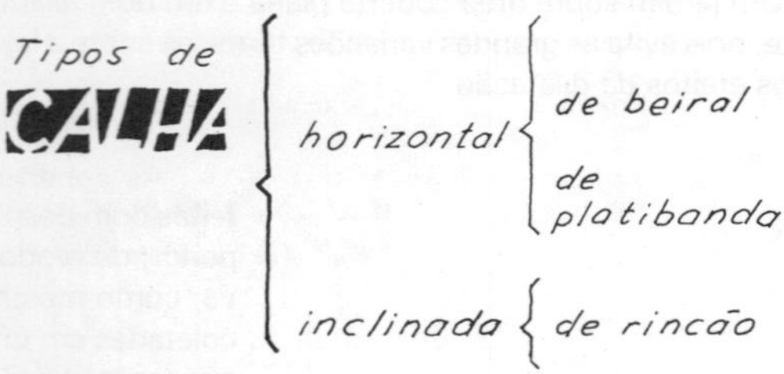

São outra causa de dor de cabeça para construtores e proprietários. É que, sendo poucos os operários especializados no ramo, é contratado qualquer um, desde que faça o serviço, ainda que malfeito.

Ao projetar uma coberta, o arquiteto deve pensar muito antes de optar pela colocação de calhas. Na medida do possível adotar a solução mais simples: fazer a água cair livremente no chão!

As calhas chamadas "horizontais" devem ter declive de 1 a 1,5% e, ainda assim, são as mais problemáticas: vazam, furam, entopem, empoçam água, quebram os estribos, desregulam, transbordam e, eventualmente, funcionam — o que é a exceção da regra.

De modo geral as calhas inclinadas funcionam melhor do que as horizontais. Não é que sejam recomendadas, apenas não são tão ruins. A velocidade da água, ao descer, arrasta tudo; não há como empoçar. Os vazamentos são devidos, geralmente, a furos no material. É a hora de substituir!

DIMENSIONAMENTO DAS CALHAS

Há uma relação entre a superfície da coberta e a seção transversal da calha: para cada 10 m² de coberta usamos 14 cm² de calha. Por exemplo: para uma água de telhado com 120 m², a calha do beiral correspondente deverá ter (120:10) x 14 = 168 cm². Com seção retangular: 8 cm de altura por 21 cm de largura; usando calha semicilíndrica: diâmetro de 21 cm, aproximadamente.

Atenção: A fórmula acima é empírica. Para as cobertas com área pequena nunca é demais deixar uma margem de segurança, além da seção que é dada pela fórmula.

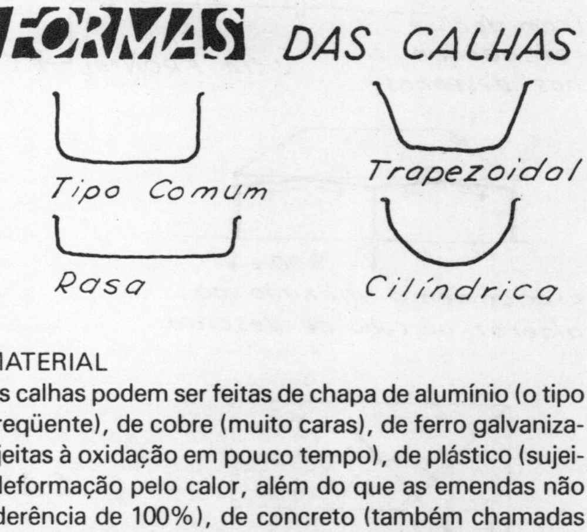

MATERIAL

As calhas podem ser feitas de chapa de alumínio (o tipo mais freqüente), de cobre (muito caras), de ferro galvanizado (sujeitas à oxidação em pouco tempo), de plástico (sujeitas à deformação pelo calor, além do que as emendas não têm aderência de 100%), de concreto (também chamadas de viga-calha. Não esquecer de impermeabilizar!) e, finalmente, de madeira (pouca durabilidade e nenhuma higiene).

As chapas de alumínio são fornecidas em bobinas de largura de 30 até 100 cm e espessura de 0,4 a 0,6 mm.

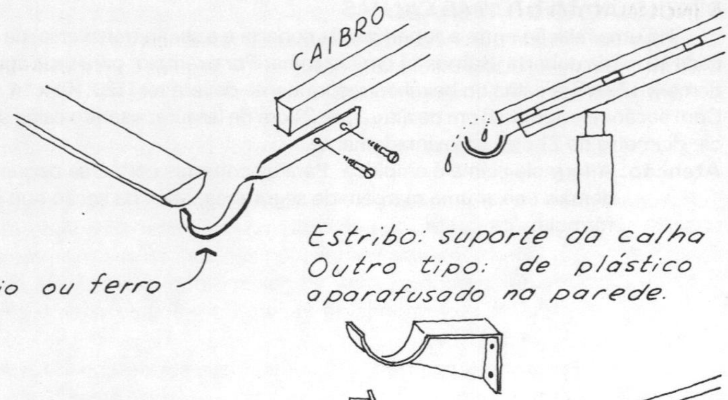

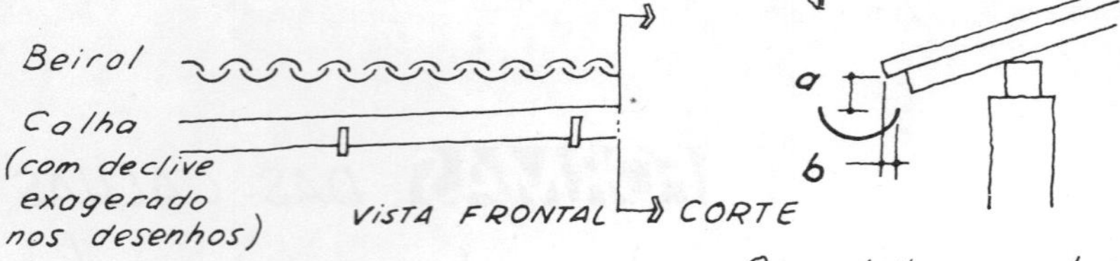

Os estribos permitem a regulagem das calhas de beiral pelo ajuste nas dimensões (a) e (b), de modo a evitar que as águas caiam fora da calha.

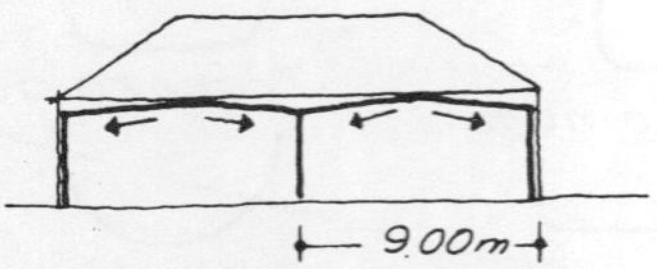

Espaçamento máximo do algeroz ou tubo de descida

CALHA DE RINCÃO

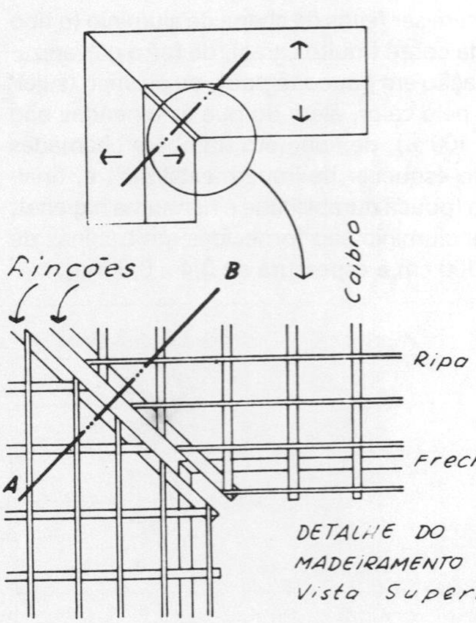

DETALHE DO MADEIRAMENTO DE TELHADO Vista Superior

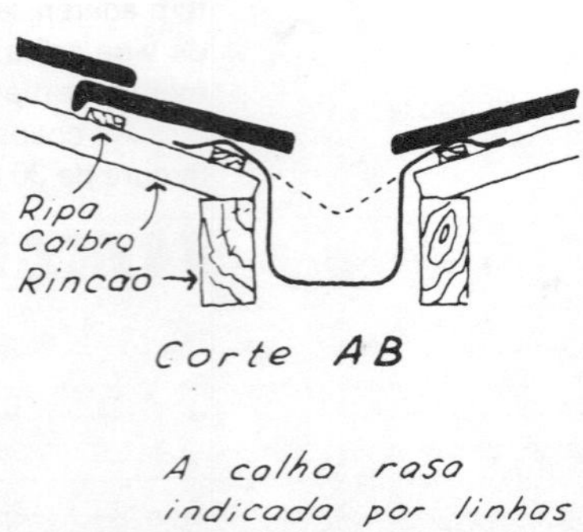

Corte AB

A calha rasa indicada por linhas tracejadas apresenta alto risco de vazamento.

A INCLINAÇÃO DO TELHADO

Pode ser medida por meio de 3 sistemas de referência:

1. **Grau** : em desuso pela dificuldade de leitura de ângulos com transferidor na obra.
2. **Ponto**: correponde à razão ou relação entre a altura (flecha) e o vão. Por exemplo: para o ponto de 1/5, uma tesoura de 10 m de vão teria 2 m de altura. Foi o sistema adotado na Arquitetura colonial, porém está em desuso. Foi substituído pela...
3. **Porcentagem**: representada pela inclinação da hipotenusa de um triângulo retângulo tendo o cateto maior na horizontal e medindo 10 cm = 100 mm. O cateto menor (vertical) terá tantos milímetros quanto a porcentagem usada. Por exemplo: a inclinação (i) ou declive de 27% corresponde ao ângulo do triângulo onde o cateto menor mede 27 mm.

Pelo fato de representar uma razão, o triângulo deve ser desenhado *independentemente* da escala do projeto!

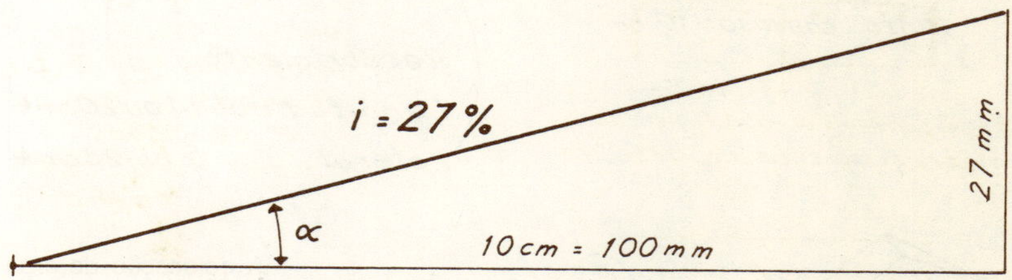

A inclinação do telhado é fixada em função do:

a) clima da região;
b) tipo de telha.

TELHA ↓ CLIMA →	Chuvoso	Muito Chuvoso
Canal	30%	35%
Canal diretamente sobre laje	15%	18%
Plano ou francesa	35%	40%
Ondulada de cimento-amianto	10%	13%
Metálica	6%	8%
Tipo Calha (Cimento-amianto)	3%	9%

Em locais sujeitos a chuvas intensas e ventos fortes, além do aumento da inclinação previsto na tabela da página anterior, devem ser usados recobrimentos maiores do que o normal.

Em casos excepcionais haverá necessidade de fixar as telhas de cerâmica entre si com argamassa de cimento e areia para evitar vazamentos: é o que se chama telhado cravado.

No telhado desprovido de forro, os ventos fortes podem provocar respingos de chuva, que não são propriamente goteiras e sim uma espécie de garoa ou chuva pulverizada. O aumento da inclinação não elimina esse efeito; é caso para ser resolvido por meio de forro ou de telhado cravado.

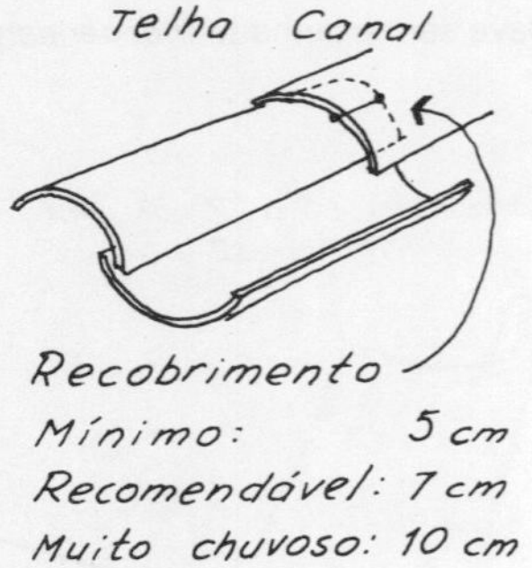

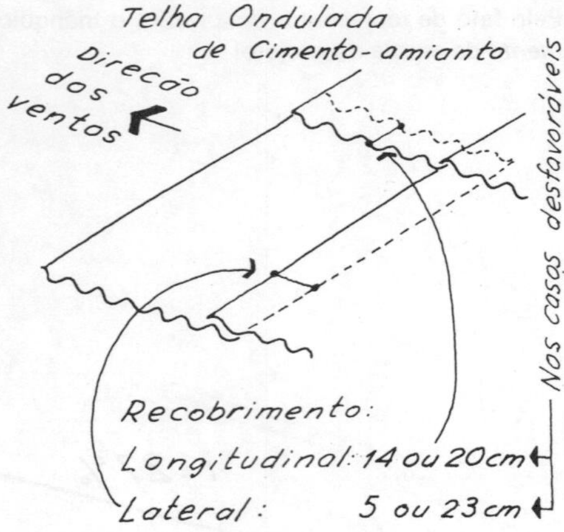

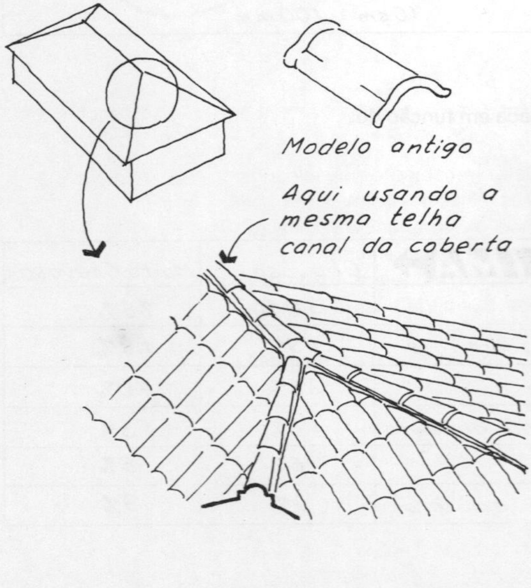

A colocação de argamassa de cimento e areia é usual nas telhas chamadas de capote, que são usadas nas cumeeiras e nos espigões (tacaniças). No telhado de cerâmica, as telhas de capote também são fixadas às telhas vizinhas por meio de argamassa — não tanto para evitar vazamentos e sim para impedir que as telhas saiam da posição (correta) por ocasião de limpeza ou de manutenção.

As telhas de barro, quando colocadas diretamente sobre laje inclinada, portanto sem madeiramento, atuam diferentemente do que foi mostrado. Em geral, a inclinação é menor, chegando até aos 17 e 15%; a função da telha é muito mais de isolante térmico que de proteção contra a chuva. Tanto é assim que, nos casos de declive muito reduzido, a laje deve ser impermeabilizada. Ao se reduzir a inclinação, a possibilidade de escorregamento das telhas fica, praticamente, eliminada.

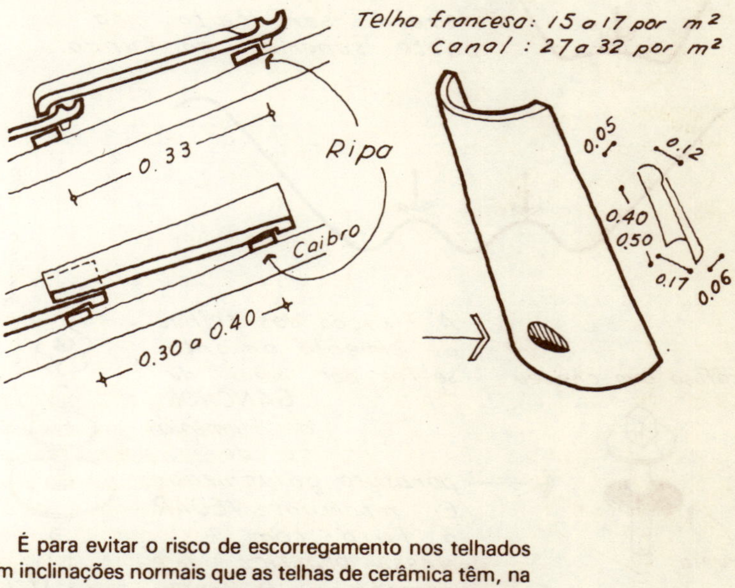

É para evitar o risco de escorregamento nos telhados com inclinações normais que as telhas de cerâmica têm, na sua parte inferior, uma saliência ou uma ranhura (rebaixo) por onde elas se prendem à ripa do madeiramento.

Nos telhados onde a inclinação é muito acentuada (acima de 50%), as telhas devem ser fixadas às ripas por meio de um pedaço de arame galvanizado que atravessa um furo existente na telha. Entre nós, nos modelos mais recentes, esse furo deixou de ser feito.

As telhas de cimento-amianto, onduladas ou do tipo calha, são fixadas à estrutura de madeira por meio de pregos ou de parafusos colocados sempre na parte superior da onda.

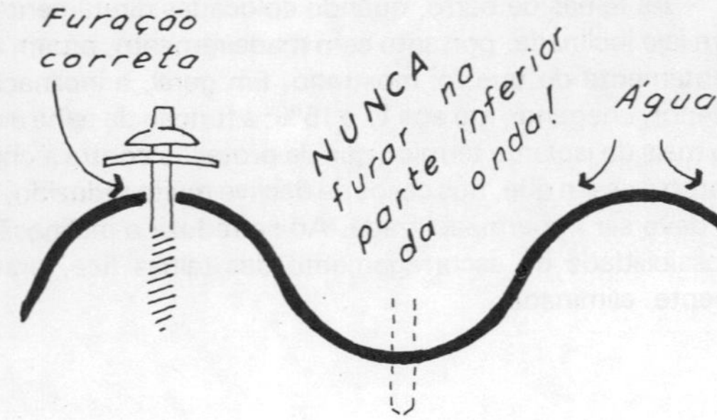

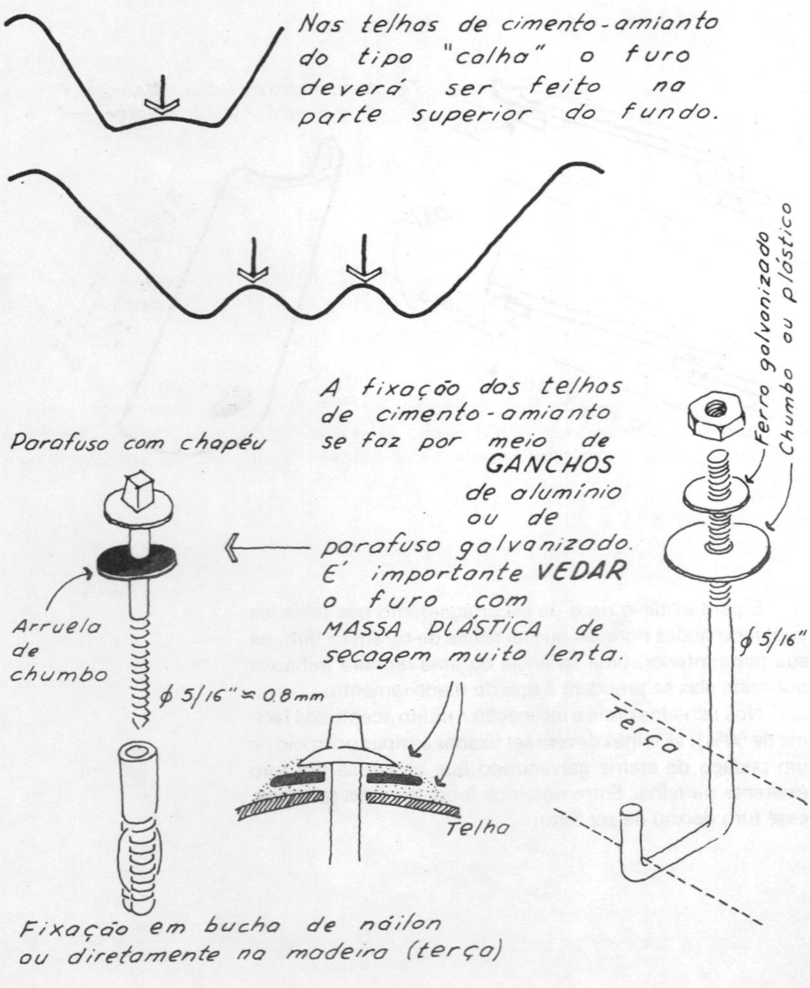

O cimento-amianto pode ser cortado com serrote ou ser furado com broca elétrica ou manual. De modo algum deve ser trabalhado com escopro ou com prego, que estilhaça o material e provoca fissuras, aumentando o risco de vazamentos.

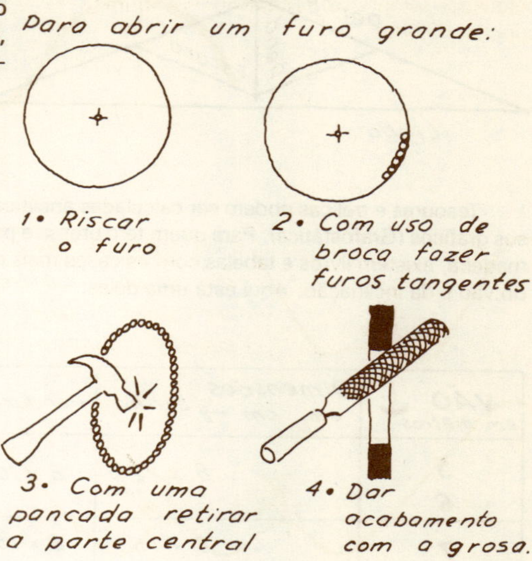

Para as telhas do tipo calha há precauções adicionais: por causa de seu reduzido declive, o vento pode empurrar a água para o interior. O fabricante fornece respingadores para serem colados nos dois beirais, independentemente do sentido da inclinação.

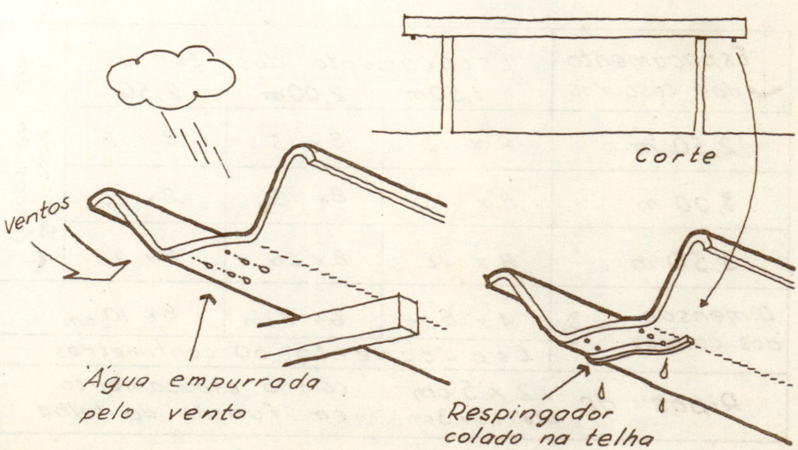

TESOURAS DE TELHADO

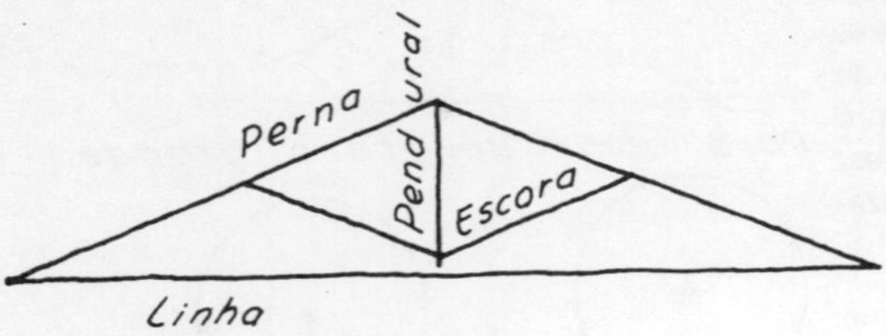

Tesouras e treliças podem ser calculadas analiticamente ou por meio de processos gráficos (Grafostática). Para quem tem pressa e prefere gastar um pouco mais de madeira, existem livros e tabelas com os casos mais comuns de tesouras em função do vão e da inclinação. Aqui está uma delas:

VÃO ↓ em metros	Dimensões em cm →	Linha	Pendural	Perna	Escora
5 6		8 x 12	8 x 10	8 x 15	8 x 8
7		8 x 15	8 x 15	8 x 18	8 x 8
8		8 x 15	8 x 15	8 x 18	8 x 12
9 10		8 x 18	8 x 18	8 x 20	8 x 12
12		8 x 20	8 x 20	8 x 20	8 x 18

↓ Espaçamento das tesouras	Espaçamento das terças 1,50m	2,00m	2,50	Dimensão das terças em cm ←
2,50 m	8 x 12	8 x 15	8 x 18	
3,00 m	8 x 15	8 x 18	8 x 20	
3.50 m	8 x 18	8 x 20	8 x 22	
Dimensão dos caibros →	4 x 8cm	6 x 8cm	8 x 10 cm	
	Espaçamento: 50 centímetros			
Ripas de	2 x 5 cm até 1,5 x 3cm	com o espaçamento em função da telha		

Observe com atenção:

a) o paralelismo da escora e da perna;

b) o pendural não se apóia na linha! O contrário é que ocorre nos grandes vãos: uma braçadeira ou estribo é colocada no pendural a fim de evitar a flexão da linha por efeito do peso próprio;

c) é essencialmente importante que todas as peças da tesoura estejam contidas num só plano, para evitar o risco de desabamento. A montagem prévia da tesoura no chão, sobre um piso plano, permite identificar as peças empenadas, que serão rejeitadas sistematicamente. Para maior segurança acrescenta-se o detalhe abaixo:

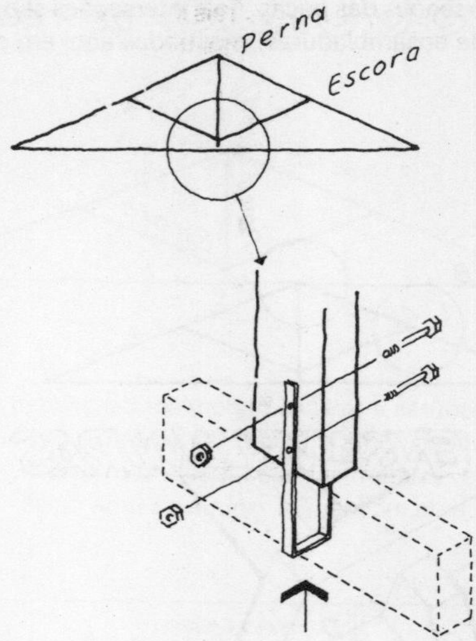

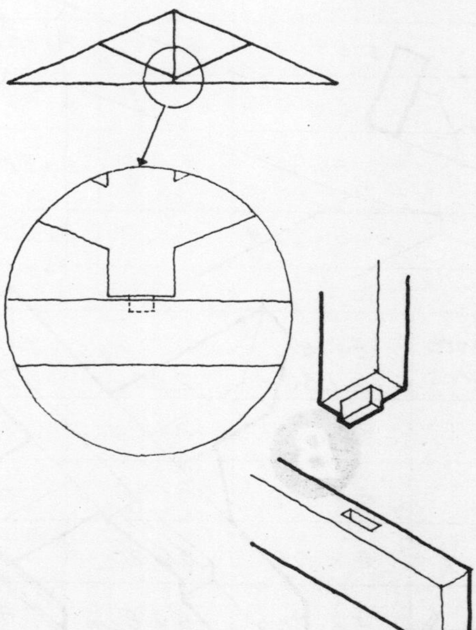

Os esforços de tração e de compressão que atuam nas tesouras concentram-se nas interseções das peças. Tais interseções são de vários tipos e recebem o nome genérico de ensambladuras, mostradas aqui em detalhes:

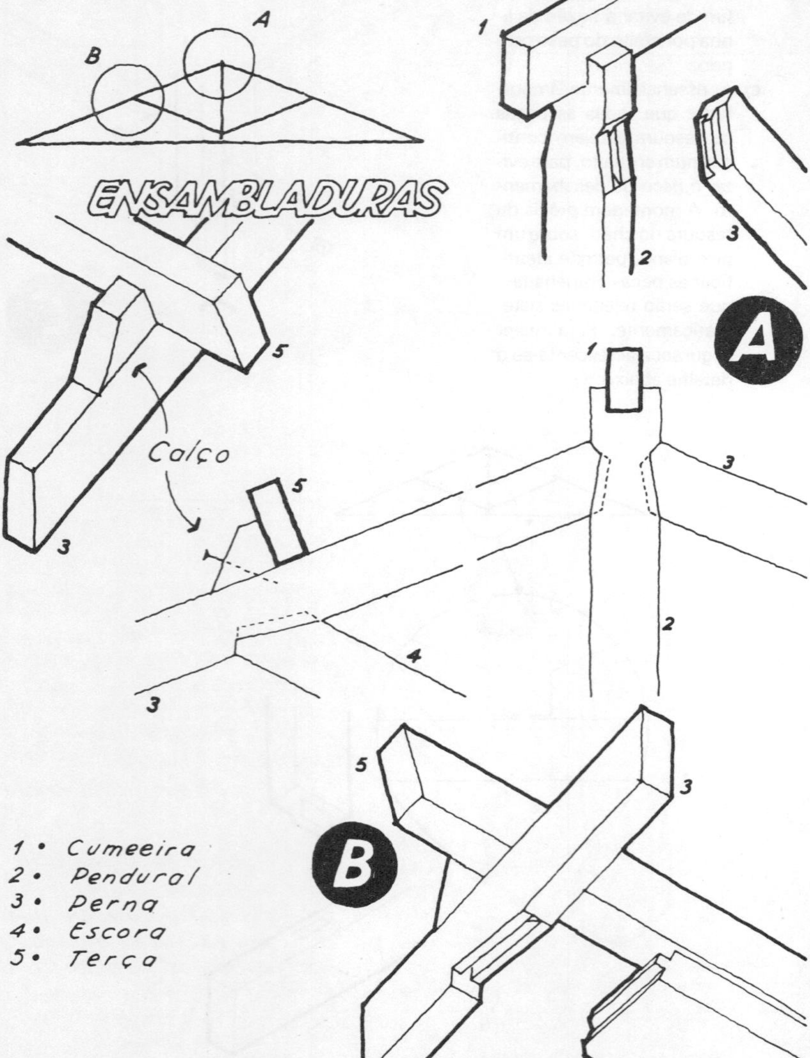

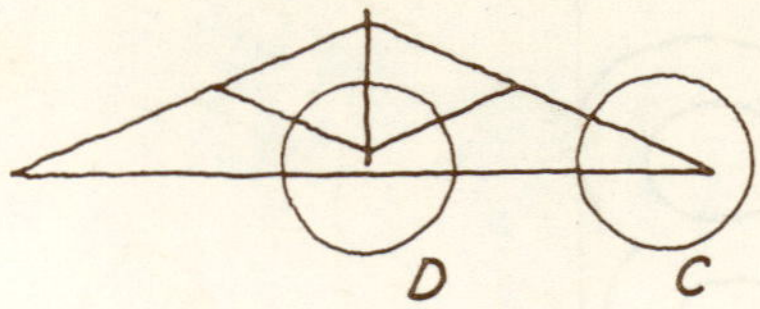

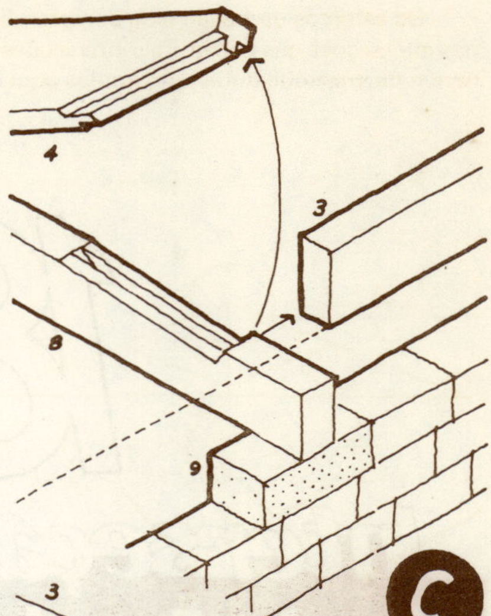

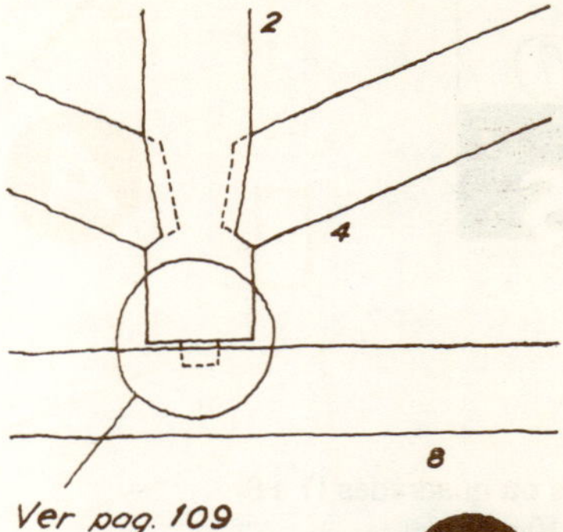

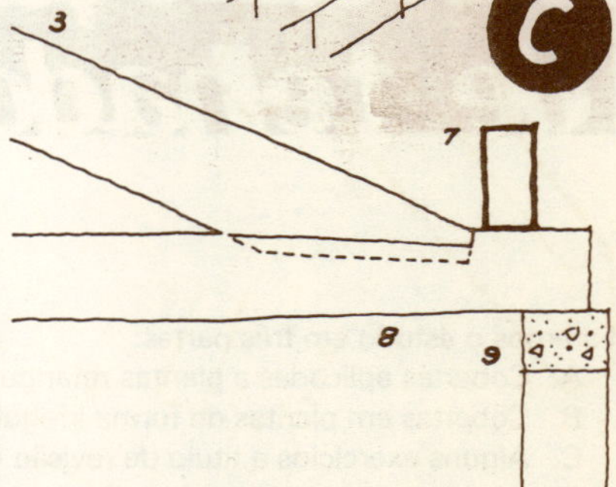

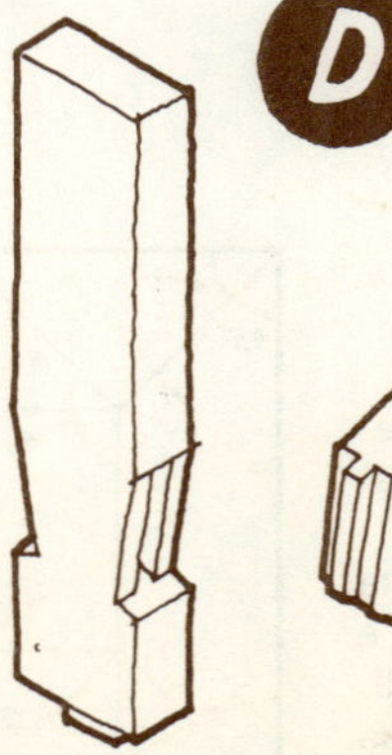

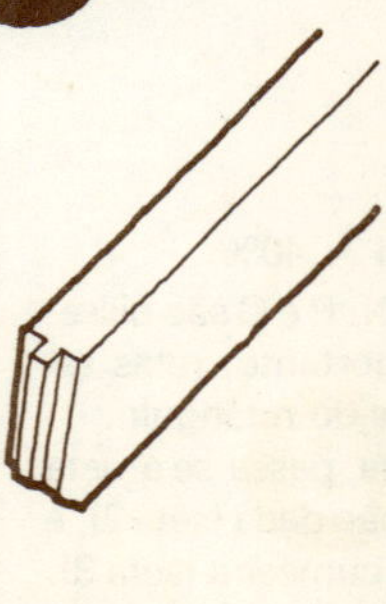

2 • Pendural
3 • Perna
4 • Escora
7 • Frechal
8 • Linha
9 • Coxim ou colchão de concreto

O detalhe C, no alto, adotado hoje, substitui aquele que se fez até alguns decênios atrás:

18

Interseção de telhados

Faremos o estudo em três partes:

A. Cobertas aplicadas a plantas retangulares ou quadradas (1 a 9)
B. Cobertas em plantas de forma irregular (10 a 12)
C. Alguns exercícios a título de revisão (1 a 6)

1. PLANTA RETANGULAR

Dados: a) 4 águas
b) inclinação única de **i** = 40%

As tacaniças ou espigões M, N, P e Q são bissetrizes dos ângulos dos vértices, portanto, retas fazendo ângulo de 45° com os lados do retângulo.

Desenhada a planta da coberta, passa-se à vista A (seta 1), onde se marca a inclinação dada (seta 2), e se vai encontrar no meio do vão a cumeeira (seta 3). A vista lateral direita, ou vista B, pode ser desenhada a partir da altura da cumeeira obtida na vista A ou diretamente: basta marcar a inclinação no ponto R e determinar sua interseção com a projeção da extremidade da cumeeira (seta 4).

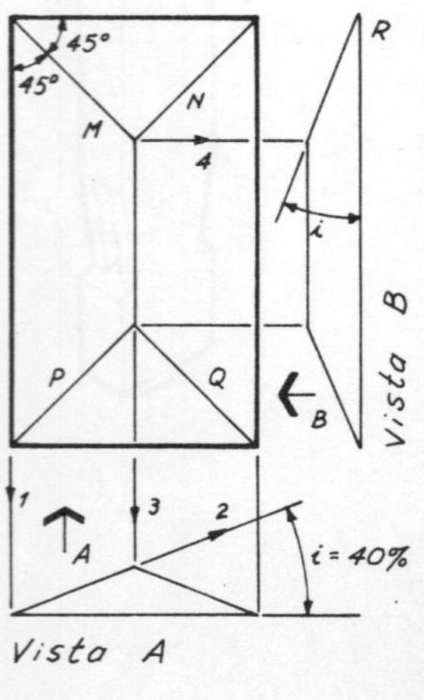

2. PLANTA QUADRADA

Dados: os mesmos do caso anterior. O traçado é, em tudo, semelhante ao caso n.º 1, já estudado, sendo que a cumeeira se reduz a um ponto C.

Esta planta, por termos dispensado as linhas de construção, está desenhada conforme os padrões habituais do Desenho Arquitetônico, o que não ocorre com a maioria dos problemas que se seguem.

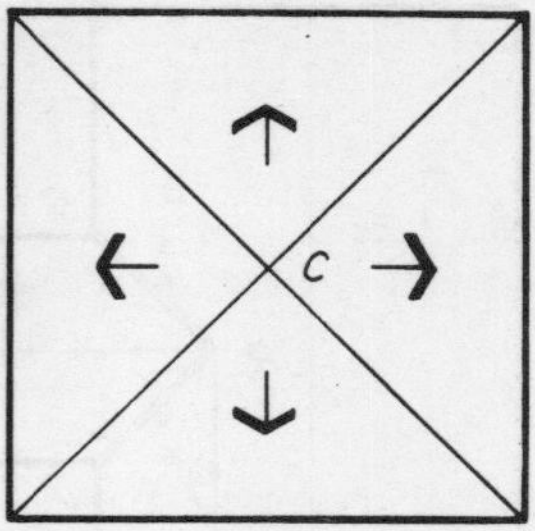

3. PLANTA EM FORMA de L

Dados: 2 águas em cada bloco
inclinação **i** = 40%

Desenhamos parte das vistas A e B de modo a obter a altura da cumeeira e a sua posição (setas 1 a 8). A posição da cumeeira é levada da vista B (seta 4) para a reta C na planta de coberta, e da vista A para a reta D (seta 8).

Traçamos a tacaniça E a 45° e o rincão F na mesma direção. Eles encontram, respectivamente, as cumeeiras D e C nos pontos M e N. Completamos a planta da coberta ao ligar os pontos M e N por uma tacaniça. Portanto, MN é uma reta a 45° na planta, ou seja, MNF é um ângulo reto. Podemos completar as projeções ao levar os pontos N e D (setas 9 e 10) para as vistas A e B.

Observação: As plantas de coberta, de modo geral, podem ser traçadas independentemente das vistas como A ou B.

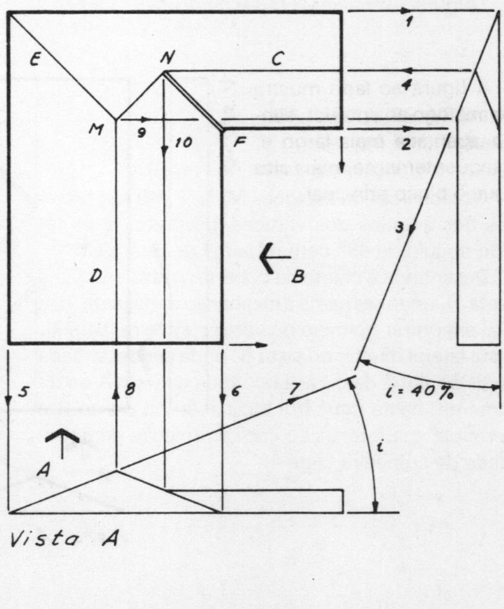

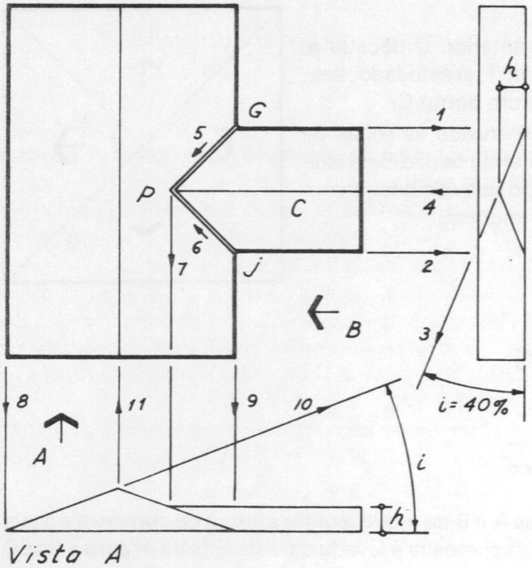

4. PLANTA EM FORMA DE T

Dados: 2 águas em cada bloco
inclinação **i** = 40%

O processo de construção tem muita semelhança com o caso anterior: depois de obtida a cumeeira (posição e altura) na vista A, traçamos dois rincões a partir de G e de J (setas 5 e 6), fazendo ângulo de 45° na planta. Eles encontram-se em P, que será levado para a vista A (seta 7).

A figura ao lado mostra caso análogo ao anterior, sendo o apêndice mais largo e, conseqüentemente, mais alto do que o bloco principal.

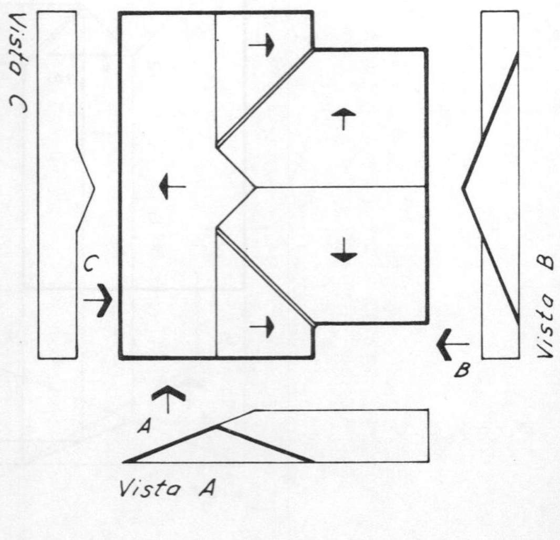

5. PLANTA EM FORMA DE T

Dados: o apêndice tem o beiral em altura menor que o bloco principal
diferença de cota (altura) no beiral = **h**
2 águas em cada bloco
inclinação **i** = 40%

Esse caso será resolvido sempre por meio de construção simultânea de planta e de vista, ou por artifício que substitua a vista.

Nas vistas A e B marcamos as inclinações e obtemos as cumeeiras, tal como fizemos nos casos anteriores (setas 1 a 8). Temos, agora, duas opções: 1.ª) Representar na vista A a diferença dada **h** entre os beirais (setas 9 e 10) e obter o ponto N' — extremidade da cumeeira C — que será levado para a planta (seta 11) em N. A partir desse ponto traçamos os rinções NP e NM, ambos oblíquos a 45°. 2.ª) Desenhar na vista B a diferença h entre os beirais (seta 12) e obter os pontos iniciais P' e M' dos rincões no bloco principal, a serem transportados para a planta (setas 13 e 14). A partir de M e de P traçamos os rincões (oblíquos a 45°) até N.

Observação: Se ocorrer que o bloco pequeno seja o de beiral mais elevado, isso não altera o processo apresentado: o ponto inicial do rincão será encontrado na vista A.

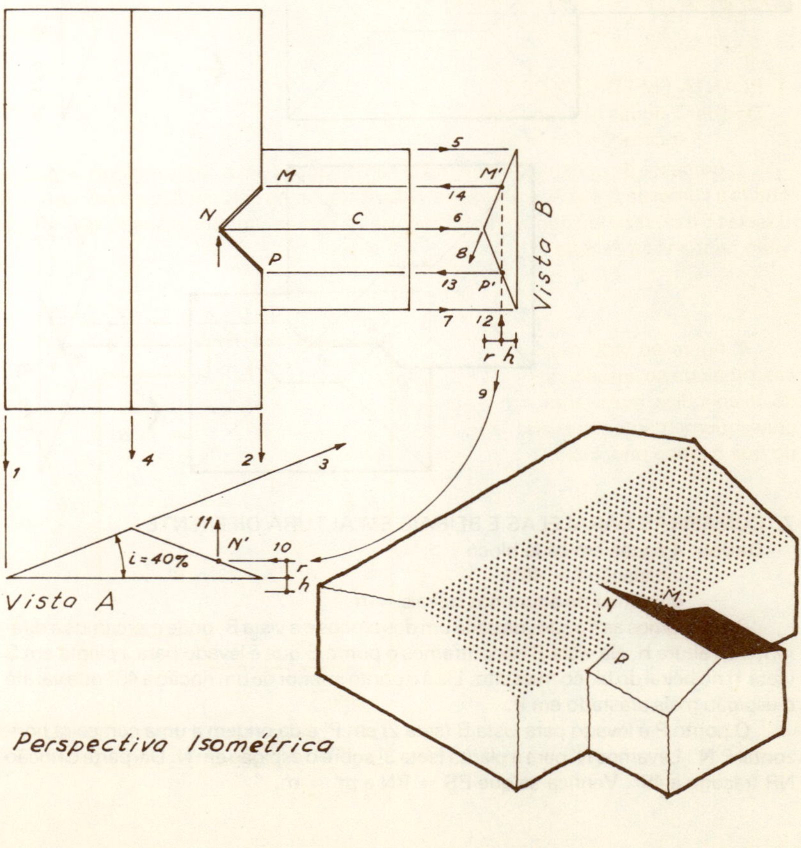

6. DOIS BLOCOS TENDO CUMEEIRAS PARALELAS

Dados: beirais em altura única
4 águas em cada bloco
inclinação **i** = 40%

Desenhamos as 4 águas dos dois blocos sem considerar, por ora, que elas se interceptam. O rincão que parte de S é traçado a 45° até encontrar o espigão mais afastado em P. Fazemos o mesmo com o rincão que vai de R até N. PN é uma cumeeira horizontal e os pontos N e P são levados para vista B (setas 1 e 2).

IMPORTANTE: Os dois problemas desta página apresentam uma outra solução geometricamente correta, porém desaconselhada *pela TÉCNICA de construção uma vez que usam a calha horizontal. Veja o que dissemos na página 100.*

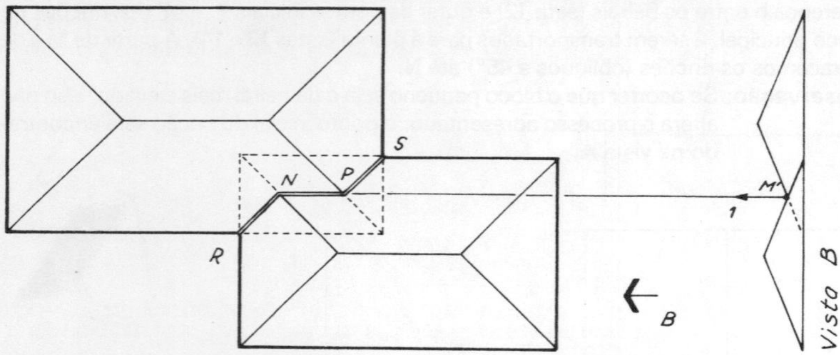

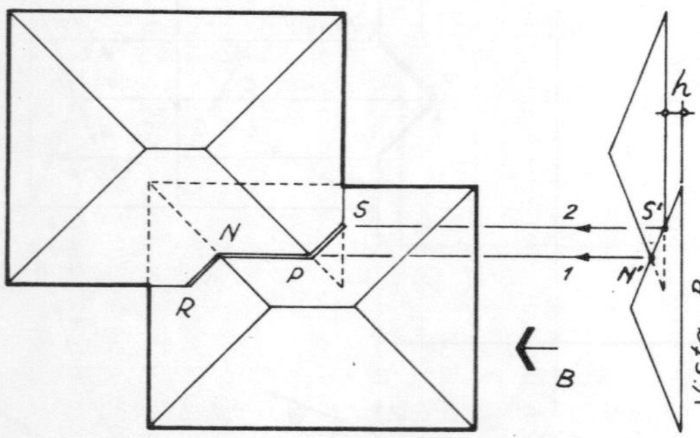

7. CUMEEIRAS PARALELAS E BEIRAIS EM ALTURA DIFERENTE

Dados: 4 águas em cada bloco
inclinação **i** = 40%
diferença de altura dos beirais = **h**

Desenhamos as 4 águas de cada um dos blocos e a vista B, onde marcamos a diferença de altura **h**. Na vista B encontramos o ponto S que é levado para a planta em S (seta 1) no beiral do bloco mais alto. Ele é o ponto inferior de um rincão a 45° que vai até o espigão mais afastado em P.

O ponto P é levado para vista B (seta 2) em P' e dá origem a uma cumeeira horizontal P'N'. Levamos N' para a planta (seta 3) sobre o espigão em N. Daí parte o rincão NR traçado a 45°. Verifica-se que PS = RN e m' = m.

8. PLANTA EM FORMA DE V

Dados: o ângulo de encontro dos blocos é diferente de 0 e de 90°
2 águas em cada bloco
inclinação **i** = 40%
os beirais estão em altura única

Nas vistas C e A encontramos a altura das cumeeiras C e D. Levamos a altura **h** do bloco menor para a vista A e encontramos o ponto N' onde a cumeeira C' encontra o bloco maior. Transportando N' para a planta (seta 6) obtemos N, que ligaremos a M e a P, no beiral.

Observação: NP e NM são prolongamentos das bissetrizes dos ângulos α e β. É esta propriedade que permite resolver este e muitos outros problemas de interseção de telhados sem desenhar as vistas (fachadas). Assim, a partir dos pontos M e P traçam-se as bissetrizes dos ângulos α e β; seus prolongamentos interceptam-se em um ponto N que pertence à cumeeira C.

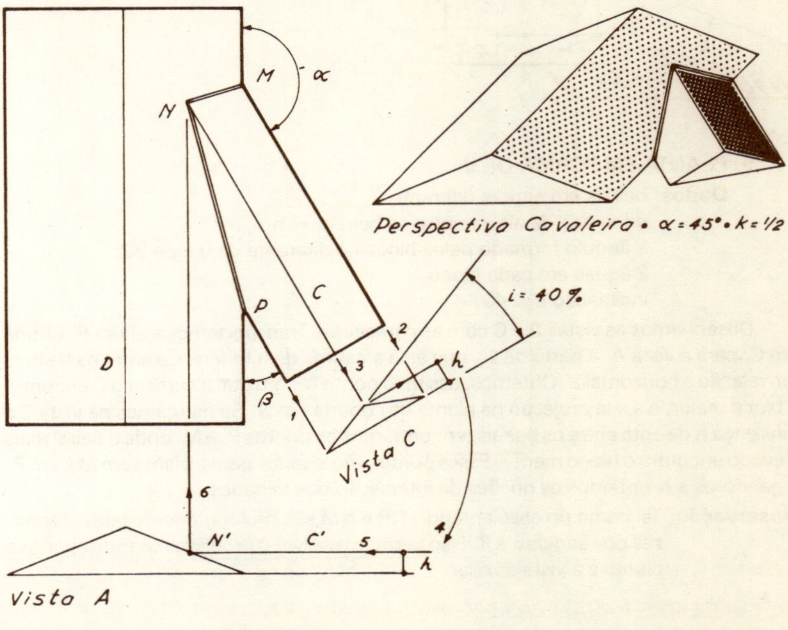

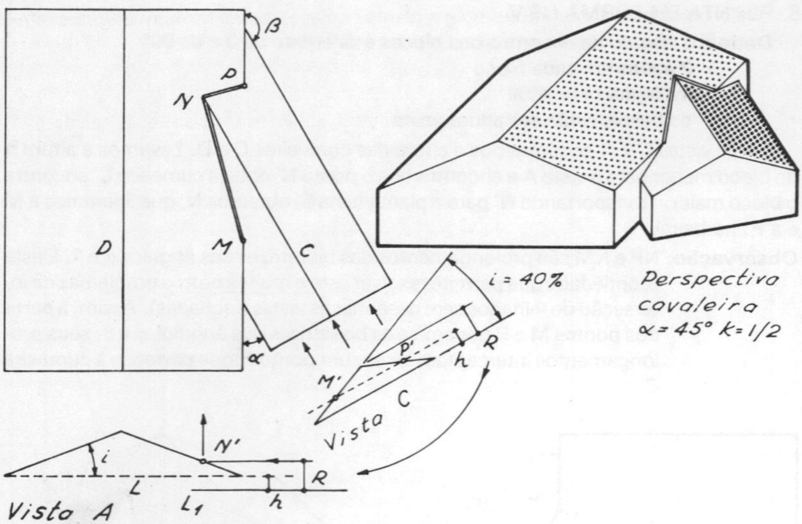

9. PLANTA EM FORMA DE V

Dados: beirais em alturas diferentes
diferença de altura entre os beirais = **h**
o ângulo formado pelos blocos é diferente de 0 e de 90°
2 águas em cada bloco
inclinação **i** = 40%

Desenhamos as vistas A e C com as cumeeiras. Transportamos a altura R, obtida em C, para a vista A, a partir de L_1, que está afastada de **h** (diferença entre os beirais) em relação à horizontal L. Obtemos, assim, o ponto N', em que a cumeeira C encontra o bloco maior, e a sua projeção na planta de coberta em N. Se marcamos na vista C a diferença **h** de cota entre os beirais, encontramos os pontos P' e M' onde o beiral mais elevado encontra o bloco menor. Esses pontos são levados para a planta em M e em P. Ligando-os a N obtemos os rincões da interseção dos telhados.

Observação: Tal como no caso anterior, NP e NM são prolongamentos das bissetrizes dos ânglos α e β. Isso permite resolver o problema usando apenas a planta e a vista auxiliar.

Os problemas a seguir referem-se a plantas cujas paredes formam ângulos diferentes de 90°. A solução exige a fixação prévia de:

a) beiral horizontal;

b) cumeeira horizontal.

Em geral uma alternativa elimina a outra, mas... não antecipamos as coisas.

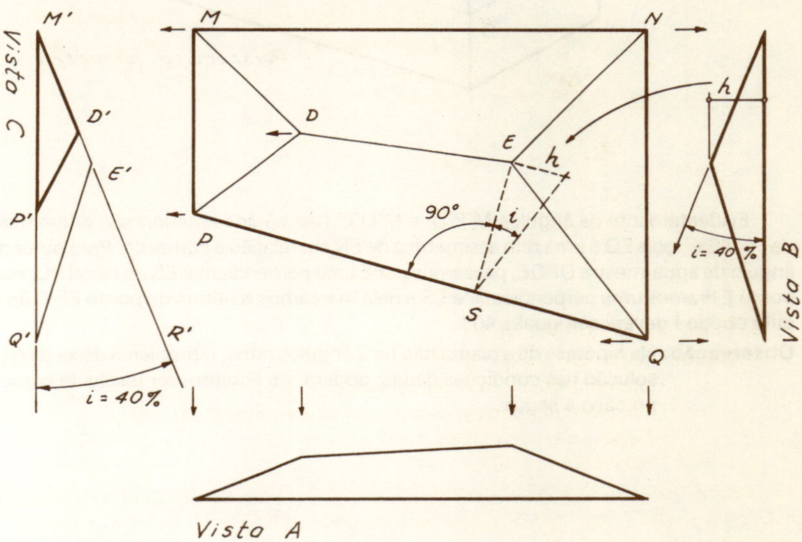

10. PLANTA DE FORMA TRAPEZOIDAL

Dados: beiral horizontal com altura única
inclinação **i** = 40%
4 águas

Traçamos as bissetrizes nos quatro vértices; as da esquerda encontram-se em D e as da direita em E, definindo a cumeeira. Por sua vez, a cumeeira DE é a bissetriz do ângulo formado pelas retas MN e PQ. A vista C é desenhada com **i** = 40% em M', e levamos o ponto D para D' sobre a declividade M'R'. O vértice P projeta-se no beiral em P', que ligamos a D'. O mesmo raciocínio aplica-se às vistas A e B.

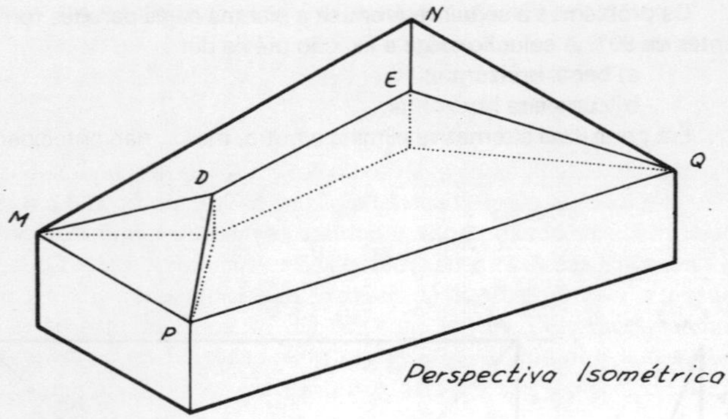

Evidentemente os ângulos M'P'D' e M'Q'E' (ver página anterior) são diferentes de **i** = 40%, pois EQ é uma reta assimétrica de EN em relação à cumeeira. Para obter o ângulo da água-mestra DPQE, passamos por E uma perpendicular ES ao beiral PQ; no ponto E tiramos uma perpendicular a ES e nela marcamos **h** (altura do ponto E). O ângulo obtido **i** deverá ser igual a 40%.

Observação: Na hipótese de a planta não ter 2 ângulos retos, o problema deixa de ter solução nas condições dadas; poderá, no entanto, ser resolvido como no caso a seguir.

11. PLANTA EM FORMA DE QUADRILÁTERO IRREGULAR

Dados: cumeeira horizontal
inclinação **i** = 40%
2 águas
pé direito mínimo = **h**

Inicialmente faremos a opção da horizontalidade para um dos beirais MN ou PQ. Escolhido o 1º., a cumeeira será paralela a MN. O ponto Q é o mais afastado da cumeeira no beiral oposto, e nele teremos o pé direito mínimo, de modo a evitar, na planta, áreas inacessíveis (zonas mortas). Desenhamos o corte QS perpendicular à cumeeira, e nele marcamos o pé direito estabelecido, assim como a declividade dada. A cumeeira está no meio da distância QS. O corte QS nos dá também a altura da cumeeira e a do ponto P. Podemos, pois, desenhar as fachadas A e C, ou qualquer outra.

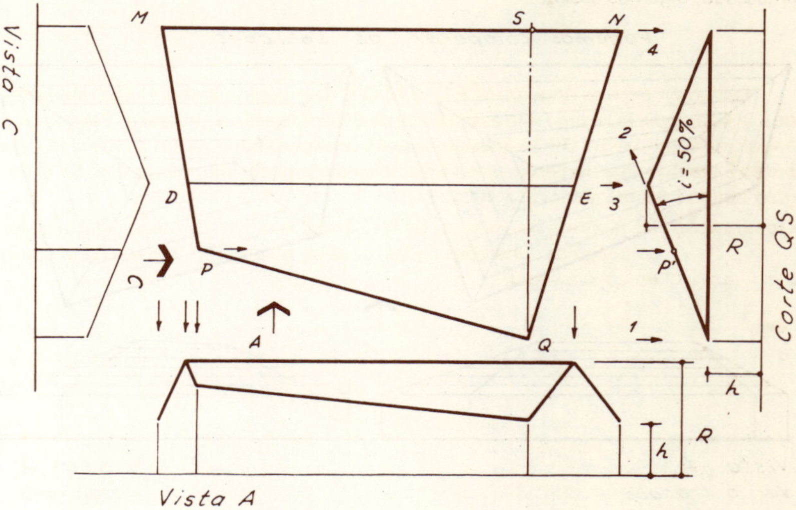

Discussão: Fazendo a cumeeira horizontal não será possível usar o telhado de 4 águas planas, pois a bissetriz do ângulo das retas MN e PQ não poderá, por definição, ser paralela a nenhuma delas. E ser paralela ao beiral MN ou PQ é uma das condições necessárias para a horizontalidade da cumeeira.

A colocação de telhado de 4 águas em um quadrilátero não-regular e com a condição de cumeeira horizontal será possível se cada uma das águas tiver inclinação diferente das demais. Trata-se, no entanto, de hipótese alheia à prática da construção, podendo enquadrar-se na categoria de divagação teórica.

12. PLANTA EM FORMA DE QUADRILÁTERO IRREGULAR

Dados: cumeeira horizontal
beiral horizontal
4 águas
inclinação mínima **i** = 50%

A contradição aparente nos dados significa que o problema pode ser resolvido desde que as águas NÃO SEJAM PLANAS. Isso implica em fazer as águas do telhado como SUPERFÍCIES REVERSAS — evidentemente superfícies RETILÍNEAS reversas, pois não há como adaptar as telhas existentes no mercado para torná-las curvas; tampouco seria viável usar caibros e ripas ou terças encurvados.

Ao contrário da discussão anterior, não se trata aqui de abstração teórica. Não! As superfícies reversas, especialmente em grandes telhados, foram usadas na Arquitetura colonial brasileira e possuíam designação própria: *o telhado empenado*. Empenado não no sentido de possuir empena, mas sim na acepção de *não-plano*, reverso, amassado, digamos assim.

Podemos comparar as soluções:

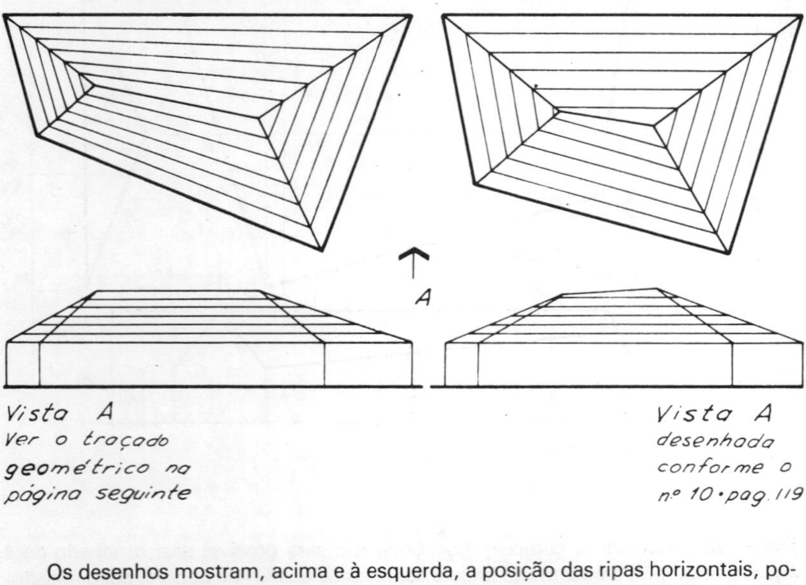

Vista A
Ver o traçado
geométrico na
página seguinte

Vista A
desenhada
conforme o
nº 10 • pag. 119

Os desenhos mostram, acima e à esquerda, a posição das ripas horizontais, porém não paralelas entre si — obtida pela divisão de cada tacaniça na mesma quantidade de partes iguais (6 no desenho). Os caibros serão colocados perpendicularmente a cada beiral, tendo, porém, inclinação variável.

Dados: estão na página anterior.

Começamos o traçado geométrico desenhando as bissetrizes dos ângulos de cada vértice, a fim de definir a posição da cumeeira (corresponde à bissetriz dos lados MN e PQ). Se pelo ponto E tirarmos uma perpendicular a qualquer dos beirais (MN no desenho), vamos encontrar no corte pelo plano ES a altura da cumeeira em função da declividade dada (50%).

A escolha do ponto E decorre do fato de ser o ponto da cumeeira mais afastado do beiral (o que não ocorre com o ponto D), sendo, portanto, S o ponto onde faremos a inclinação mínima.

No corte ES representamos a inclinação mínima **i** = 50% em S', e encontramos a altura **h** da cumeeira. Essa altura permite desenhar as fachadas.

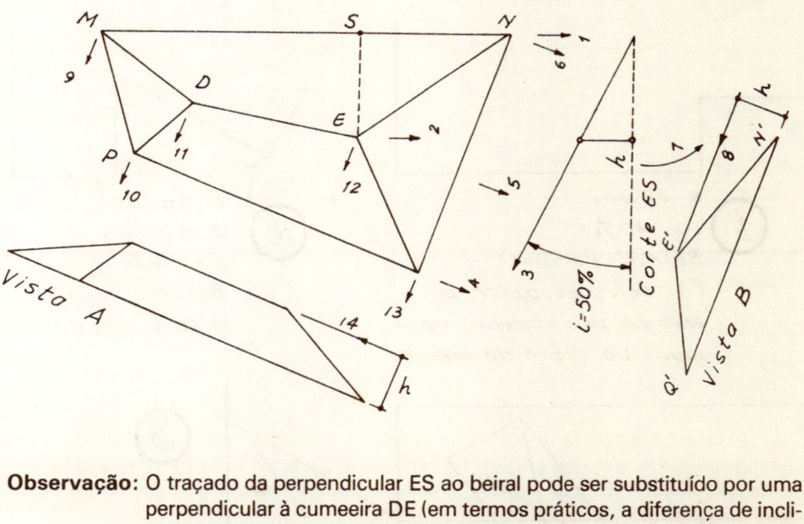

Observação: O traçado da perpendicular ES ao beiral pode ser substituído por uma perpendicular à cumeeira DE (em termos práticos, a diferença de inclinação nos dois casos é desprezível). Preferimos a perpendicular ao beiral por assegurar a declividade mínima no beiral, onde a acumulação das águas que descem é maior do que na cumeeira, e, também, por uma questão de coerência com as soluções anteriores.

EXERCÍCIOS PROPOSTOS

Damos alguns exercícios de aplicação e as respectivas soluções. Somente o último desses exercícios — assim nos pareceu — merece uma discussão, pois os demais são aplicação de conhecimentos apresentados nos problemas ou casos de número 1 a 12, ou são objeto da Geometria Descritiva pura, como interseção de poliedros.

Sugerimos desenhar todas as fachadas do problema e, especialmente, que se façam desenhos GRANDES, cerca de 4 ou mais vezes maior do que os desenhos do livro. Evitam-se, assim, erros grosseiros originários da construção de ângulos e bissetrizes em desenhos miúdos.

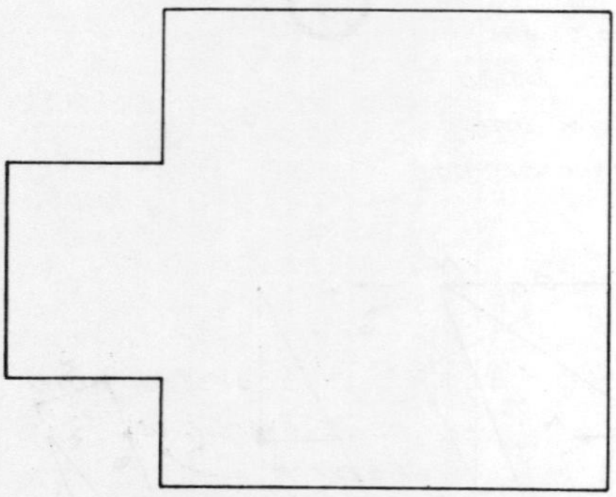

(1) 6 águas
i = 40%
Beiral variável
(N soluções; optar, por exemplo, pela cumeeira maior igual ao dobro da menor)

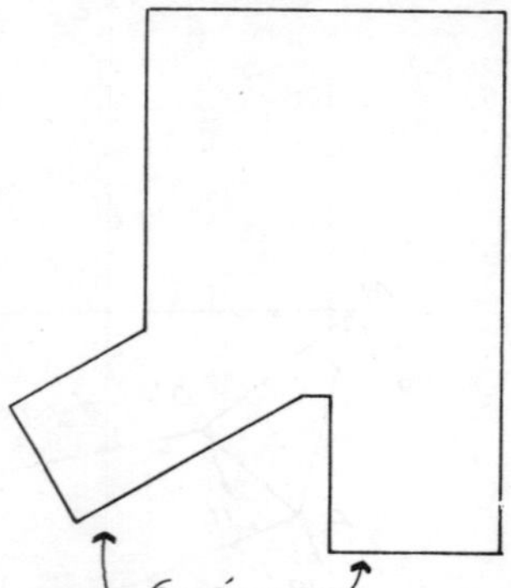

(2) 6 águas
2 águas
i = 45%
Beirais com altura única

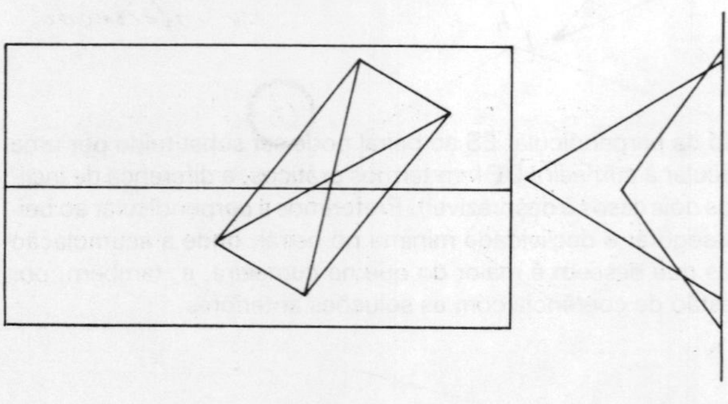

(3)

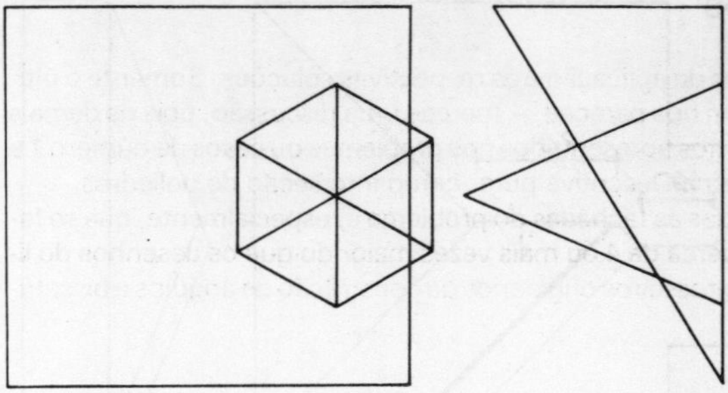

④

⑤

i = 40%
Beirais em altura única
Usar um único rincão horizontal

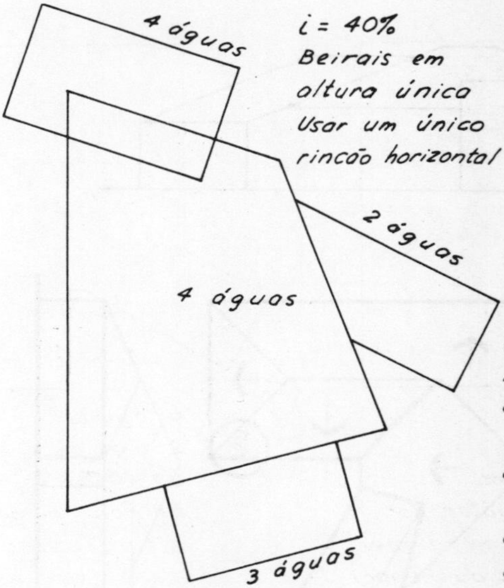

Sugestão para novos exercícios:
Fazer
- inclinações diferentes para cada bloco;
- beirais em alturas diferentes;
- mudança na forma;
- mudança no ângulo de interseção.

⑥

Beirais horizontais e em altura única
Inclinação i = 50%
Considerar cada quadrilátero com uma água para o pátio interno e outra para o exterior.

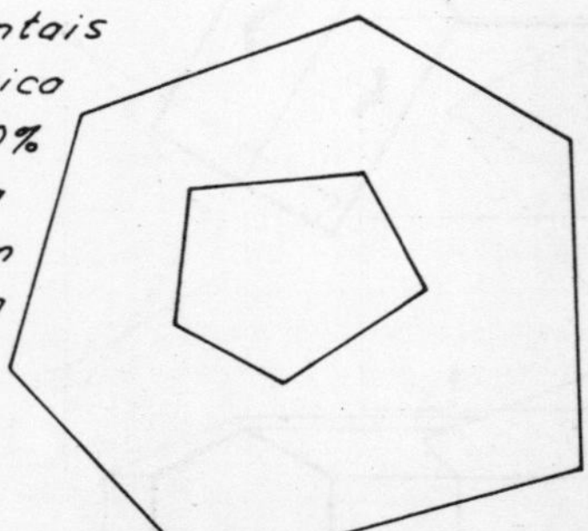

Exercícios resolvidos

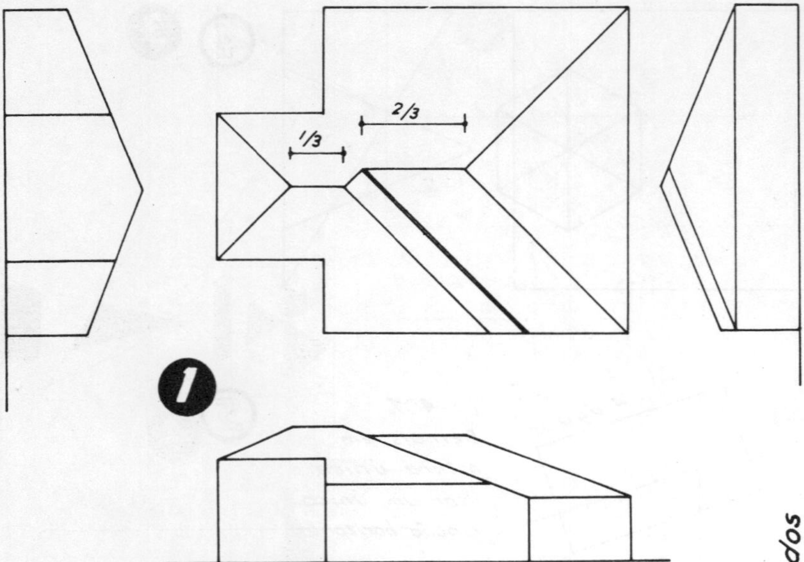

1

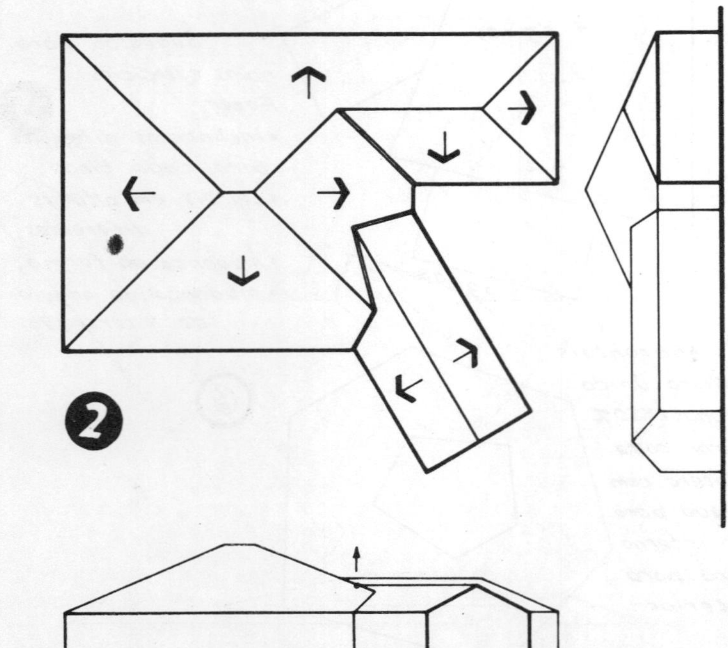

2

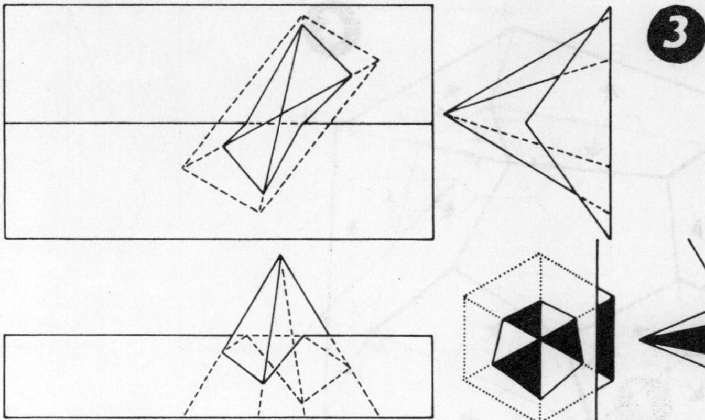
3

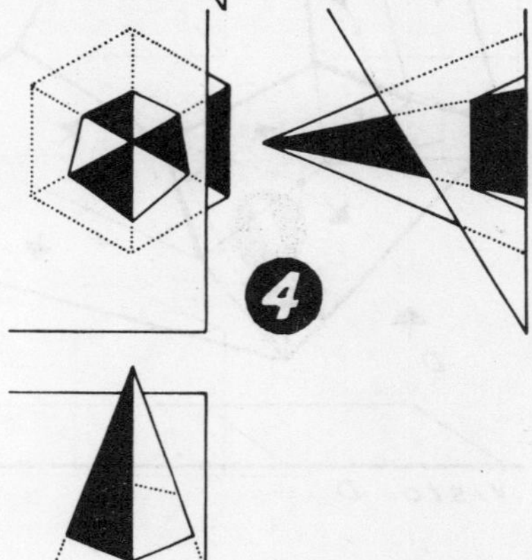
4

5

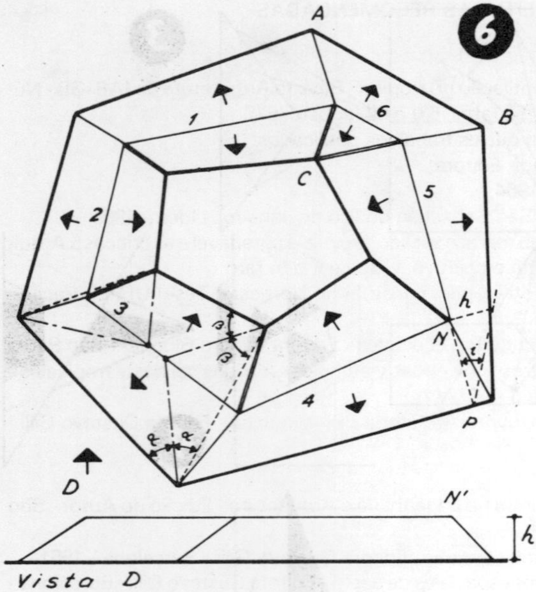

No trecho definido pelas letras ABC vemos que AB é o menor dos beirais externos. Ao mesmo tempo, o polígono do pátio interno apresenta uma parede a menos que o polígono externo, portanto, um beiral a menos. Podemos fazer com que no pátio interno o beiral correspondente a AB fique reduzido a um ponto, isto é, tenha comprimento nulo.

Em cada um dos quadriláteros 1 a 5 em que a planta foi dividida traçamos a bissetriz dos vértices (como no problema n.º 12) e obtemos a posição da cumeeira. Essas cumeeiras interceptam-se em um ponto que é ligado ao vértice interno, definindo um rincão com calha, e ao vértice externo, definindo uma tacaniça ou espigão.

No trecho ABC ou triângulo 6 traçamos uma cumeeira paralela a AB em posição tal que corte as cumeeiras vizinhas 1 e 5, aproximadamente na metade da distância do ponto C à reta AB. Esse procedimento assegura para o mesmo comprimento dos dois rincões que chegam a C uma água de telhado menor do que se fizermos um traçado aleatório.

O desenho das fachadas depende, exclusivamente, da declividade mínima (**i** = 50%) a ser marcada na maior perpendicular tirada da extremidade da cumeeira ao beiral; no desenho: do ponto N ao beiral externo em P. Desenhamos apenas uma das fachadas.

LEITURAS RECOMENDADAS

A. Sobre ventilação

1. Miran de Barros Latif - Ventilação no trópico - Revista Arquitetura do IAB-GB - Números 51 (setembro/66), 58 (abril/67) e 62 (agosto/67).
2. Miran de Barros Latif tem outros trabalhos publicados:
   O homem e o trópico - Agir Editora
   As minas gerais - Idem, 1964
   Uma cidade no trópico - São Sebastião do Rio de Janeiro, - Idem, 1965
   Tudo o que Miran escreveu merece ser lido: o estilo é agradável e as críticas à Arquitetura são em nível elevado e objetivo, o que é muito raro.
3. Armando de Holanda - Roteiro para construir no Nordeste (Tese) UFPE - Recife - 1976
4. Ennio Cruz da Costa - Arquitetura ecológica - Editora Edgard Blücher - São Paulo
5. O. H. Konigsberger e outros - Viviendas y edificios en zonas cálidas y tropicales - Editorial Paraninfo - Madrid - 1977
6. Jean-Louis Izard e Alain Guyot - Arquitetura Bioclimatica - Editora Gustavo Gilli - Barcelona - 1980

B. Sobre Cobertas

1. Ardevan Machado - Desenho na Engenharia e Arquitetura - Edição do Autor - São Paulo - 1980 (3.ª edição)
2. Fred Angerer - Construcion Laminar - Editora Gustavo Gilli - Barcelona - 1961
3. Z. S. Makowski - Estruturas espaciales de acero - Editora Gustavo Gilli - Barcelona - 1968

impresso na
press grafic
editora e gráfica ltda.
Rua Barra do Tibagi, 444 - Bom Retiro
Cep 01128 - Telefone: 221-8317